NONFICTION
論創ノンフィクション
039

終わらない戦後

フィリピン残留日本人が見つめた太平洋戦争

船尾　修

論創社

目次

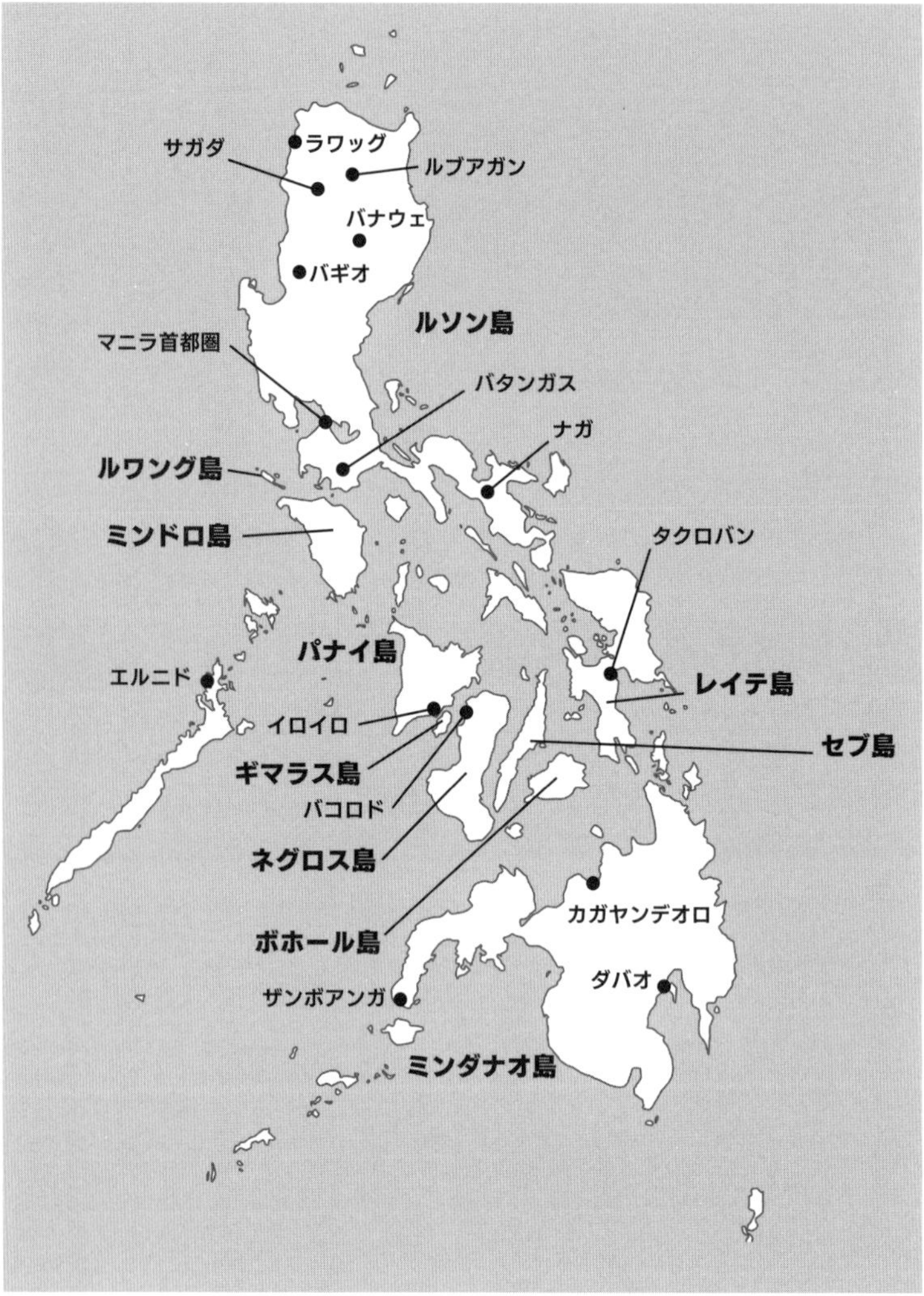
ラワッグ
サガダ
ルブアガン
バナウェ
バギオ
ルソン島
マニラ首都圏
バタンガス
ナガ
ルワング島
ミンドロ島
タクロバン
パナイ島
エルニド
レイテ島
イロイロ
セブ島
ギマラス島
バコロド
ネグロス島
カガヤンデオロ
ボホール島
ダバオ
ザンボアンガ
ミンダナオ島

1章　「あたしは日本人なんか大嫌いなのよ」

ジョセフィンさんとの出会い

通りを歩いていたらいきなり罵声を浴びせかけられた。

「あたしは日本人なんか大嫌いなのよ！」

顔を向けないようにして横目でその人物をそっと観察する。初老の女性が店先に立ってこちらを凝視している。目には明らかに憎悪と敵意が込められている。通りを歩いているのは私だけだから人違いではないだろう。理由はまったく思い当たらないが、その人が絡んできているのは間違いない。

なぜなのだ。私が何をしたというのか。

二〇〇八（平成二十）年七月。そのとき私は、フィリピンのルソン島北部に広がるコルディリェーラ山脈をカメラ片手に歩いていた。この地域には世界最大級の棚田が数多く点在し、世界遺産にも登録されている。私は棚田群とその地に暮らす人々の生活様式に興味があり、撮影に訪れていたのである。

コルディリェーラの棚田群は急峻な山の斜面に人力で造営され、耕運機などの農機具はおろか水牛でさえ入れないような狭い箇所も数多くある。ぜひとも一度この目で実際の作業の様子を見てみたかった。というのも、私自身が大分県内の中山間地で毎年、家族の自給用に米をつくっているからだ。

自分たちのやり方とどういう点が異なり、あるいは同じなのか。言ってみれば同業者としての視点から撮影してみたいと考え、私はこのとき初めてフィリピンの地を踏んだのである。キアンガンという小さな山あいの街を訪れたのも、さらに山奥へ入ったところにナガカダンという美しい棚田の村があると聞いたからである。

トライシクルと呼ばれるオートバイを改造した幌付きの三輪車をチャーターして棚田をまわり、キアンガンへ戻る途中、トライシクルのドライバーから「ヤマシタ・シュラインへも寄りましょうか?」と尋ねられた。

ヤマシタ・シュラインとは直訳すれば「山下神社」とでもいうのだろうか。ヤマシタというからには日本と何らかの関係があるのだろう。どのような場所なのか皆目見当がつかなかったが、せっかくなのでドライバーに寄ってもらうよう頼んだ。

百ペソ(当時のレートで約二百円)の入場料を払うと、広大な芝生の公園の一角に高さ数十メートルの三角錐の塔があった。そこには「ヤマシタ・シュライン」ではなく「ウォー・メモリアル(戦争記念碑)」という小さな標識が掲げられており、狭い階段を登って塔の屋上へ行けるようになっていた。

キアンガンの町にある通称「ヤマシタ・シュライン」と呼ばれる戦争記念碑

屋上からは鉄柵越しに周囲の丘陵がよく見渡せる。説明書きによると、それらは「ミリオンダラー・ヒル（百万ドルの丘）」と呼ばれるらしかった。なんでも太平洋戦争末期にアメリカ軍は山中に立てこもった日本軍を殲滅するため、この場所で激しい空爆を行った結果、丘陵に生えていた樹木がすべて焼けて丸裸になってしまったという。何百万ドル分もの爆弾が使用されたほど激しい戦闘だったという意味で、ミリオンダラー・ヒルと呼ばれるらしい。

しかし、眼下にはトタン葺きの民家が畑の中に点在するのどかな光景が広がるのみで、耳を澄ませば放し飼いにされている鶏の鳴き声が聞こえてきた。

焼け野原になったという丘陵も今ではすっかり濃い緑に覆われており、ここでかつて大規模な戦闘があったなどと言われても、なんら実感の伴わない異国での遠い昔の出来事に過ぎなかった。

話を戻そう。いきなり罵声を浴びせかけられたのは、そのヤマシタ・シュラインを見学した後にキアンガンに戻ったときのことだった。

無視しても何の問題もないとは思ったが、「日本人なんか」というフレーズが妙に気にかかった。それは先ほど見学したモニュメントの標識に書かれていた説明文のせいかもしれない。

ジェネラル山下がこの地で捕虜となりようやく戦争が終結した

この小さな田舎街が日本だと言われても

恥ずかしい話だが、私はこのときまで太平洋戦争におけるフィリピンの日本軍最高責任者だった人物の名前を知らなかった。

私は思い切ってその初老の女性に向き直り、声をかけた。私が何か悪いことをしたから怒っているのか、それとも日本人全体のことを嫌っている理由があるのか、と。

しかし、彼女は私の問い掛けには答えようとはせず、やっぱり日本人だったのね、とつぶやくと、自分の幼少のころについて話し始めた。

「ほら、あなたがさっき写真を撮っていたあの小学校へ私も通っていたのよ。日本人の先生はすごく厳しかったわ」

「えっ、こんな山奥に日本人の先生がいたのですか？」

正直に白状するが、そのとき脳裏に浮かんだのは、青年海外協力隊のような組織が日本人教諭を派遣していたのだろうかというものだった。

「何をとぼけたことを言うの。この街は昔、日本だったのだから当たり前でしょ」

彼女は私のとんちんかんな反応に眉をひそめた。

戦前の日本とフィリピンの関係について教えてくれた
キアンガンに暮らすジョセフィンさん

「日本だったのですか、ここが？」
他の東南アジアと同様に、戦時中はフィリピンもまた日本の占領地であったという事実については
もちろん知っていたが、活気のないこの小さな田舎街がかつては日本だったと言われてもピンと来なかった。
「あなた、本当に知らないようね。まあ若いから仕方がないけど」

その女性、ジョセフィン・カッテリンさんは私の惚《とぼ》けたような表情を見て気の毒になったのだろう。先ほどまで見せていたとげとげしい敵意はすでに失せ、まるで母親が息子に諭すような感じでゆっくりと話を続けた。

ジョセフィンさんは私がカメラを手にしていたので、すぐに日本人だとわかったという。なぜならキアンガンを訪れる外国人のほとんどは日本人だからだ。フィリピンの山中で戦死した遺族の消息を探しにやってくる人や、遺骨を収集するために来訪する人たちで、大半が年配者だという。

ルソン島北部で日本軍は戦争末期に多大な犠牲者を出したという話は知っていた。だが、それはあくまでも本を読んで知っているというレベルの話だ。遺骨収集団が戦後七十年以上たってもまだ捜索を続けていることも知識としてはあったが、言葉だけが体内をすり抜けていくかのような実感も痛みも伴わない無数にある戦争物語のひとつに過ぎなかった。

「いったいあなたは学校でちゃんと歴史を習ったの？　大学を出ているなんてとても信じられないわ」

ジョセフィンさんはときおり私のあまりの無知さ加減にイライラして怒鳴った。そのたびに私は小さくなりながらも、「それでどうなったのですか？」と彼女の次の言葉を催促した。

ジョセフィンさんの紡ぐ戦中の物語は、あたかも真っ白なノートに色鉛筆で彩色していくようなリアリティがあった。終戦時に七歳だったという彼女の姿が目の前に浮かぶようだった。

何万人が命を落としたとか、どこそこで多大な犠牲を出した戦闘があったとかというような、数字に置き換えられた戦争の歴史ではなく、生身の人間がその目で見た等身大の戦争がそこにあった。私は次第にジョセフィンさんの語りにぐいぐいと引き込まれていったのである。

「その日本人の先生からはお辞儀の仕方を厳しくしつけられましたよ。日本人ならこうするぞって。あたしはフィリピン人なのに」

彼女は少女のようにクスクス笑いながら、背筋をピンと伸ばしてお辞儀をしてみせた。今どきの日本人にはできないような礼儀正しい完璧なお辞儀だった。

「ジェネラル山下が現れたときは大変だったのよ。日本の国旗が小学生にも配られて、沿道で姿が見えなくなるまでバンザイ、バンザイって声がかれるまでやらされた。将軍というから鬼のように怖くてゴツイ人かと思っていたけど、実際には小柄な太った人だったねえ」

バンザイの真似をしているうちに記憶が蘇ってきたのだろう、唐突に日本語で歌い始めた。戦時中にヒットした「東京音頭」という歌謡曲である。フィリピンの山中で耳にする日本の歌声はどことなく悲哀を帯びており、聴いていて気恥ずかしい思いがした。

「戦争が終わったとき、ジェネラルが捕まったと聞いて見に行ったのよ。父からは危ないから子どもは家に居なさいと叱られたけど」

コルディリェーラ山中に潜んでいた日本軍の最高責任者、山下奉文《ともゆき》・第十四方面軍総司令官は、日本が八月十五日にポツダム宣言を受諾して無条件降伏した後に米軍に投降した。キアンガンへ連行されたのは九月二日のことであった。

そのときに米軍により取り調べを受けたのが、ジョセフィンさんの通っていた小学校の一角にある建物だった。ジョセフィンさんをはじめたくさんの住民が敗残の将軍をひと目見ようと、建

キアンガンの中心部にある小学校の敷地内に、山下奉文司令官が投降した後に連行された場所であることを示す記念碑がある

物の周囲に押しかけたそうだ。

「父や近所の人たちは、そこで処刑されるのだと盛んに噂していましたよ。でも、実際にはそんなことはなくてどこかへ連れていかれたようでした」

当時、小学校一年生だった彼女の記憶は鮮やかでよどみがなかった。あたかも昨日見てきたかのような口ぶりで終戦時の様子を話し続けた。

当時の小学校はすでにアメリカ軍の空爆によって破壊されており、戦後になって取り壊された。現在の校舎は再建されたものである。ただし建物の基礎に使われていた石材は、校門付近の石段などとして再利用されている。

「戦時中は日本の兵隊があたしの家へ大勢やってきて、裏庭や軒下に隠れたりしていました。そのまま寝泊りする人もいましたよ。学校の裏山には死体がゴロゴロ転がっていました」

ジョセフィンさんが「日本人なんか大嫌い」と口走ったのは、幼少時に身近で接した日本軍兵士たちのショッキングな姿から来ているようだった。

「でもね、あたしの家を建ててくれたのは、カツキという日本人だったのですよ。カツキは父の親友でよく我が家に出入りしていました。あたしたち子どもたちにもすごく優しかった」

ジョセフィンさんの父親は戦前、かなりの有力者だったようで村長のような地位にもあったらしい。そして、戦前に新築した自宅を手がけたのは、当時キアンガンに暮らしていたカツキという日本人大工だった。カツキは数人のフィリピン人を助手にして二階建ての立派な家屋を建てた。仕事ぶりはとても緻密で、基礎の敷石にしても一本一本をていねいにノミで削った。一階部分は商店としての広いスペースになっており、二階が住居として使用され、部屋数は全部で十一もあったという。そのため完成まで二年を要した。

「どうぞ裏庭へまわってくださいな。そのときの敷石が残っています」

裏へまわると、長さ五十センチ、一辺が二十センチほどの直方体の敷石があちこちに転がっていた。花壇の縁石として転用されたものもあれば、植木鉢を置く台として使用されているものもある。見るとたしかに表面はきれいにノミで削られていた。

「当時あった家はもう敷石しか残っていません。一九六三（昭和三十八）年に大地震に襲われたときに崩れてしまいましたから。今の家はその後に建て替えられたものだけど、昔の家のほうがはるかに立派だったわねえ」

ジョセフィンさんは愛おしそうに敷石をそっとなでると、急に何かを思いついたように私の腕を引っ張って外に出た。

「このベンチも当時のものです。ほら、ここに空いている穴、何かわかりますか？」

木製の古ぼけたベンチには斜めに貫通した直径一センチほどの小さな穴がいくつかあった。

「弾痕ですかね。戦時中の」

ジョセフィンさんの家の敷地では、戦前に日本人大工によって加工された礎石が植木鉢の台として使用されていた

「そのとおりです。日本の兵隊が隠れていましたから、敵に銃撃されることがあったようです」

半分朽ちかけたそのベンチは道路に面した店先に置かれていた。ジョセフィンさんは小さな雑貨屋を営んでおり、通りに面してビスケットや石鹸、バナナ、清涼飲料水などが並べられている。こうした個人経営の小さな雑貨屋はフィリピンではサリサリ・ストアーと呼ばれており、どのような辺鄙な村にも必ずあった。

生活に必要な商品はたいてい揃っており、タバコなどは一本単位で売られている。シャンプーなども一回分の使い切りが小袋に入れられ軒先に吊り下げられていた。バナナも一本単位で売ってくれる。日本と違って経済的に余裕のない人が多いため、割高だとしてもそのような販売方法のほうが客には支持されるのだ。

七十歳になるジョセフィンさんは、今でこそサリサリ・ストアーの店主として、さほど多いとは思えない客を相手に暮らしを立てているが、かつては小学校の教員を長年務めていた。ただの話好きなおばさんとは違って、歴史に明るいうえ記憶も明瞭だし話にも筋が通っている。教員をしていたことも関係しているのだろう。

ひいおじいちゃんは日本人

ふと気がつくと、銃痕のあるベンチに小学生ぐらいの子どもが四人腰掛けていた。学校帰りなのかみんな小さなリュックを肩にかけている。英語で会話している外国人が珍しいのだろう、私たちのやり取りを並んで眺めている。ひとりはジョセフィンさんのお孫さんだという。

「あ、そうそう、この子も日本人の血を引いているのよ。ほら目元なんかそっくりでしょう」

ジョセフィンさんが他の男の子を指さした。フィリピン人の顔立ちは一般的に日本人とよく似ており、旅をしていると私もよく現地の人に間違われ道を尋ねられたりした。

だから、目元がそっくりでしょうと言われても、他の子どもと区別がつくわけではない。日本人以上に日本人らしい顔立ちのフィリピン人などいくらでもいるからだ。ジョセフィンさんによると、その子の曾祖父が日本人だったという。

「へぇ、そうなんだ。ひいおじいちゃんの名前、覚えているの?」

返答などまったく期待せずに尋ねたのだが、その子は恥ずかしそうに身をよじらせながら、ジタロウ・サカイとはっきり答えた。

〝ジタロウ・サカイ〟

サカイは「坂井」だろうか。いやもしかすると「酒井」、あるいは「堺」かもしれない。ジタロウは漢字でどう書くのだろうか。

ジョセフィンさんによると、そのサカイ・ジタロウは軍人ではなく民間人で、大工のカツキと同じ時代にキアンガンに住んでいたのだという。

「もう名前はすっかり忘れてしまったけど、戦争が始まる前にはカツキ以外に何人もの日本人がキアンガンには暮らしていました。そのころは日本人とフィリピン人はとても仲が良かったのよ」

戦争が始まる前といえば、フィリピンはアメリカの植民地だったはずだ。そういう時代のフィリピンにたくさんの日本人、それも民間人が暮らしていたという話は初めて耳にした。それこそ学校で教わる歴史などでは習わなかった。

いま目の前に座っているシャイで利発そうな男の子の祖先が、戦前にはるか彼方の日本から海を渡ってフィリピンへたどり着き、この地に根を下ろした……。そのサカイ・ジタロウという人物はいかなる経緯で海を渡ったのだろう？　過酷であったに違いない戦中をどのようにして過ごしたのだろう？　彼の子孫たちはどのような人生を送った末に、今ここに存在しているのだろう？

もしサカイ・ジタロウが目の前にいたとしたら、私は質問攻めにしただろう。尋ねてみたいことは山ほどあった。しかし、それはかなわない夢である。戦前に生きた人はもうこの世にはいないのだ。そんな私の夢想を見透かしたかのように、ジョセフィンさんは話を継いだ。

「日本人の移民一世たちはもうとっくの昔に亡くなられているけど、彼らの子孫だったらフィリピンにはたくさん暮らしているはずですよ。この子のようにね。でも、二世の人たちは戦後、みんな大変苦労したと聞いています」

「それは生活に苦労したということですか、経済的に？」

あれだけ多大な犠牲を出した戦争の前後に、苦労せずに暮らせた人などいないだろう。そういう意味で私はジョセフィンさんに尋ねたのだが、彼女の答えは予想だにしないものであり、おまけに歯切れが悪かった。

「日本人の血を引いているとわかると石をぶつけられたり、なかには殺された人もいるという話です……」

彼女はそう答えると目を伏せた。

なぜ日本人の血を引いているからという理由で、日系人がそのような仕打ちを受けなければならないのだろう。ジョセフィンさんはこの問題についてそれ以上を語ろうとはしなかった。たしかアメリカでは日系人が戦時中に収容所に入れられたという話はなんとなく知っていたが、それはあくまでも戦争中のことであり、日本が突然アメリカの敵国になってしまったためである。

ところが、フィリピンでは日系人が戦後にひどい目に遭ったという。それがどのような理由であり、どのような種類のものであったのか、不勉強な私にはまったく見当がつかなかった。

曾祖父の名前を覚えていた先ほどの男の子が、私とジョセフィンさんの会話を興味津々に聞いている。

「ああそうだわ、この子の母親がすぐ近くで店をやっているから訪ねてみたらいい。昔の話を何か知っているかもしれませんよ」

ジョセフィンさんは話を切り上げるために、男の子に私を店に連れていくよう促した。トライシクル乗り場の正面に古びた二階建ての木造家屋が並んでおり、角の一軒が雑貨屋を営んでいる。男の子は軽い足取りで中へ入ると、店番をしていた中年女性に声をかけた。

その女性はライン・マリーと名乗った。先ほどの男の子の母親で、日系の三世にあたるという。少し小太りだが、言われてみれば雰囲気がなんとなく日本人に似たところがある。

サカイ・ジタロウはどういう字を書くのか尋ねたが、彼女は漢字をまったく読めないし書けなかった。この雑貨屋は彼女の父親が始めたもので、ジタロウは直接関係がないらしい。彼女が生まれたときにはすでにジタロウの姿はなかったから、ラインさんの記憶には祖父のことはまったく残っていない。

ただ父親から聞いた話では、ジタロウはフィリピンへやってきた後、イコロス市で知り合った女性と結婚し、キアンガンからそう遠くないバヨンボンの街で何か商売をしていたという。しかし、ジタロウが日本のどこの出身で、何の目的でいつごろフィリピンへ来たのかはまったく知らなかった。

「そうですねえ、昔の話ですか。あ、そういえば小学生のころに、近所にナガイという看護師の女性が住んでいたのを覚えています。年配のヤマモトという人もいました」

ラインさんは記憶の底からようやくふたりの日本人の名前を引き出してくれたが、それ以上のことは何も覚えていなかった。しかし、ジョセフィンさんが教えてくれたように、このキアンガンという小さな街には戦前から日本人移民が暮らし、戦後もその子孫たちが生を紡いできたことは確かなようだった。

棚田群の撮影も私には非常に興味深いものだったが、この日本とフィリピンをつなぐ細い糸のことをもっと掘り下げて詳しく知りたいと思った。

移民たちは、どのような動機からフィリピンという新天地を目指したのだろう。そして、どのような人生を送ったのだろう。戦時中の暮らしについても知りたかった。さらに、日本軍の兵隊はこのような山間部で何をしていたのだろう。

何よりも私はジョセフィンさんとの会話の中で、フィリピン社会に溶け込んで暮らしていたはずの日系二世の人たちが、戦後になっても迫害を受けたという話が強く引っかかった。日本の本土から遠く離れたこの地で展開されていた戦争。その戦争の歴史と日本人移民の歴史はどこかで太くつながっているのではないかという予感が私の中に芽生えつつあった。それを確かめるためには、まだ存命であるという日系二世から直接話を聞く必要があるだろう。

自分の手には負えない何かとてつもなく大きな宿題を抱え込んだような気分だったが、私は滅入るどころか、むしろ何かが始まりそうな予感に胸が高鳴っていた。

2章　太平洋戦争に翻弄された日本人移民とその家族

戦前のフィリピンへの日本人移民

帰国した私は、さっそく戦前の日本人移民についての資料を探した。海外への日本人移民の多くが南米や北米、ハワイに向かったという話は聞いたことがあったが、その時期や人数などについてあらためて調べてみた。

戦前の一九三六（昭和十一）年に拓務省拓務局が発行した「渡航地別本邦海外移住者員数表」の中に「海外移住統計」が収録されている。拓務省拓務局というのはかつて存在した省庁で、日本の植民地の統治全般や海外移民に関する業務を担っていた。

統計ではこの時点での海外に居住する在留邦人の数は、上位の順からブラジルが約十九万人、ハワイが約十六万人、アメリカが約十一万人となっている。フィリピンはそれらの国に次ぐ第四位にランクインしているが、人数は約二万人程度と上位三カ国からは大きく水をあけられている。

しかし、東南アジアやオセアニアを含めた当時の「南洋」という呼び方のくくりの中では、フィリピンは群を抜いて多く、実際にたくさんの日本人移民を迎えていた事実がわかった（当時アメリカの植民地であったフィリピンは、同じく同植民地であったグァムと合わせて統計がとられているが、グァムへの移民数は多くはなかった)。

次に年度別の統計を見てみると、フィリピンでは一九〇三(明治三十六)年と翌一九〇四年の二年間で新たな移民数が五千人を超え、突出していた。他の年度はせいぜい数百人程度である。

この理由ははっきりしている。アメリカは太平洋地域での覇権を争うスペインとのいわゆる米西戦争において勝利を収めた結果、一八九八(明治三十一)年にフィリピンを領有することになった。その後、フィリピンの植民地経営に乗り出したアメリカは、ルソン島北部の山岳地帯にあるバギオを「夏の首都」と定め、マニラと結ぶ幹線道路の建設に一九〇一(明治三十四)年から着手していた。

海に面したマニラは湿度が高く、一年を通して蒸し暑い熱帯性の気候である。その酷暑と湿気を避けるため、アメリカ植民地政府は海抜約千五百メートルの高地にある冷涼なバギオに夏だけ首都機能を移管させることにしたのである。

ところが、バギオへ通じる道は途中の深い山脈と渓谷に阻まれて、なかなか工事が進展しなかった。断崖や九十九折《つづらおり》などの難所がいくつも待ち受けていたからである。このため植民地政府は海外から移民労働者を募り、この危険で困難な道路工事に労働力として投入することにした。

一九〇三年からの二年間に五千人を超える日本人移民がフィリピンへ渡ったのは、そういう理由である。ベンゲット道路という名前から、移民労働者を指して「ベンゲット移民」と呼ばれた。ベンゲット道路は工事を指揮したライマン・ケノン少佐の名をとって「ケノン・ロード」と呼ばれることもある。

日本からの移民のうち、このベンゲット道路の工事には二千五百人ほどが従事したといわれている。現在このベンゲット道路を見下ろすことのできる場所には展望台がつくられ、案内板も設置されている。

ベンゲット道路は一九〇五（明治三十八）年に開通したため、以降、単純労働者として日本から大量の移民がフィリピンへ渡ることはなくなったが、それでも農業や商業、漁業への従事、あるいは大工などの職人としての移民は戦前途切れることなく続くことになる。

ベンゲット移民たちは道路工事の契約が切れた後、どうしたのだろうか。その点についてははっきりしないが、当然日本へ帰国した者もいたことだろう。しかし、そのままフィリピンに居残る道を選んだ人も少なくなかったようである。

このころの時代背景を見てみると、ベンゲット移民がやって来た時期はちょうど日本が日露戦争に突入する時期にあたる。日本は明治維新以降、工業の近代化を進めて富国強兵策をとっていた。欧米と肩を並べるためには資源や領土の獲得が必要不可欠となり、軍事大国化への道をひた走る。

その一方で、経済発展の恩恵はなかなか農村部にまで行き届かなかった。限られた土地に依拠して生きるしかない農民は、大地主でもなければ次男、三男に土地を分与する余裕などなく、彼らの多くは小作農として地主に従属するか、他の土地へ出稼ぎに出るしか道はなかったのである。

海外への移民と聞くと、現代に生きる私たちはビジネスにせよ芸術にせよ自分の才能をさらに開花させるためのポジティブなイメージに捉えがちだ。しかし、当時の移民というのは、実際には東京や大阪などの大都市へ出稼ぎに行くことの単なる延長線上にあるものに過ぎなかったといえる。

だから、ベンゲット道路が完成して職を失った日本人移民の多くは、次の仕事を探してフィリピン各地へ流れていったのである。アメリカの植民地になっていたフィリピンの都市部は、経済的には当時の日本よりも確実に豊かだった。日本へ戻っても帰るべき家も土地も仕事もない彼らにとってみれば、そのままフィリピンに居残ることは自然な選択だったに違いない。

フィリピン各地へ流れていった日本人移民は、おおまかにふたつのグループに分けることができる。ひとつはベンゲット道路の終点である「夏の首都」バギオ周辺に留まった人たちだ。腕に覚えのある人は、大工や石工として植民地政府の建物やキリスト教会などの建設に従事した。あるいは日本での農民としての経験と知識を生かして野菜栽培に携わった者たちである。

現在でもバギオといえばキャベツなどの高原野菜で有名な街であり、その基礎は日本人移民がつくったといわれている。また、その後に経済力をつけた日本人移民の中からは、バギオの目抜き通りに店舗を構える者も出てきた。

もうひとつのグループは、ミンダナオ島のダバオへ向かった。フィリピンは国内に約七千もの島々を抱える群島国家で、その地理から大きく三つに分けることができる。ひとつは北部のルソン島を中心とした群島、ふたつ目が南部のミンダナオ島を中心とした群島、三つ目がその中間に位置するビサヤ諸島の群島である。

東南アジア最大の日本人町

フィリピン諸島のうち、バギオやマニラのあるルソン島が最大の面積を誇り、ミンダナオ島は二番目である。そのミンダナオ島最大の街ダバオ周辺では、十九世紀末からアメリカ人農園主によってアバカと呼ばれる麻栽培が盛んになっていた。

アバカは別名がマニラ麻とも呼ばれる植物で、バショウ科に属し、見た目はバナナによく似ている。実際、バナナとは同じ科に属している。フィリピン原産で、高さは五、六メートルになる。基部の太い茎の部分（葉鞘《ようしょう》という）を割いて繊維をとる。生長が早く、半年ほどで収穫でき、茎の切り口からまた新梢《しんしょう》が伸びてくる。

繊維は強靭で耐水性にすぐれているため、船舶を係留するためのロープとして、世界中から需要があった。身近なところでは、私たちが毎日のように使用している日本銀行券の紙幣にも、実はこのアバカの繊維が使われている。

こうした世界的需要のある特産品ということで、ダバオ周辺では産業としてのアバカ栽培が急成長し、労働力の確保が必要になっていたのである。ベンゲット道路での労働者としての仕事がなくなった日本人移民たちの多くがダバオに向かったのは、ある意味で必然のことであった。

アバカから強靭な繊維をつくる作業を「麻挽き」と呼ぶ。日本では昔から麻挽きという伝統工芸があり現在にも細々と伝承されているが、それは大麻を使うものであり、アバカは麻とは違う種類の植物であるから本来この呼び名は正しくない。

繊維を煮てから乾燥させ、細い繊維を挽いていく作業が似ていることから、初期の日本人移民たちによってこのように呼ばれるようになったのだろう。初期のころにアメリカ人農園主に雇用された日本人移民は、主にこの麻挽き作業に従事する労働者であった。

しかし、やがて会社を興してアバカ栽培に乗り出す日本人も出てきた。一九〇七（明治四十）年創立の太田興業株式会社、一九一四（大正三）年創立の古川拓殖株式会社などである。その後、日本人が経営するアバカを扱う会社は六十にも上ったという。

第一次世界大戦の特需による好景気もあり、このアバカ栽培は一種のブームを迎えることになる。そのため、ダバオを目指す日本人移民の数は膨れ上がるいっぽうで、第二次世界大戦前には人口は二万人にも上っていた。戦前にはアジア各地に日本人町が形成されていたが、ダバオはその中でも最大規模であり、日本人学校も十三校あった。

初期の日本人移民はいわゆる単純労働者が中心であったため、男性の数が圧倒的に多かった。だが、ダバオのように日本人町が形成されてくると、アバカ栽培に関係する会社での勤務の他、さまざまな産業や雇用形態が生まれるため、夫婦で、あるいは子ども連れの家族での移民も増加していった。

他方で、単身で来ていた日本人の移民男性が現地で結婚するケースも増えていく。仕事があり、生活水準も日本より高ければ、当然定住する者も多数出てくる。やがて生まれてくる子どもは日比混血の二世である。日本人学校の中には在籍児童の半数以上をこうした二世が占めることもあった。

太平洋戦争により激変した日本人移民社会

ところが、そうした平穏な暮らしは長くは続かなかった。太平洋戦争の勃発である。一九四一（昭和十六）年十二月八日。日本はハワイの真珠湾を空爆した。この真珠湾攻撃をもって日米戦の火ぶたが切って落とされた、ということになっている。しかし、この同じ日に、日本軍がフィリピンへ侵攻し、ルソン島のクラークとイバの両飛行場をも空爆した事実を知らない人は意外に多い。

台湾の高雄基地を飛び立った零式艦上戦闘機（零戦《ぜろせん》）は、クラーク飛行場に配備されていた敵機に壊滅的な被害を与えたのである。この攻撃により、アメリカはフィリピンにおける空の防衛能力の半分を失ったといわれている。

日本軍がいち早くフィリピンに侵攻したのは、そこがアメリカの植民地であったからだ。地図を見れば一目瞭然だが、アメリカにとってみればフィリピンはアジア全域への足掛かりとなる最前線だった。だから、開戦した以上、日本はまずフィリピンからアメリカ軍を追い出す必要があった。

翌々日には早くもルソン島に上陸。年内に首都マニラを陥落させるなど、開戦当初の日本軍は向かうところ敵なしの状態で、半年間でフィリピン全土を占領することに成功したのである。そして、一九四五（昭和二十）年八月の日本の敗戦まで、フィリピンは植民地として日本の支配を受けることになった。

このためフィリピンに居留する日本人移民や日系人の立場は、大きく変化することになる。これまでアメリカ支配の植民地政策の軋轢の中で生きてきた彼らは、支配者側に転ずることになったからだ。

ところで、フィリピン各地に暮らしている日本人移民や日系人は、基本的に兵役が免除されていた。この措置はフィリピンに限らず海外に居留する日本人すべてが該当する。当時の法律では、本人が願い出れば満三十七歳まで徴集は延期され、それを過ぎると徴兵は自動的に免除になったのである。

戦前に日本を飛び出した移民の中には、この徴兵忌避が目的だった人も少なからず存在したといわれる。もっともこれは心の内の問題なので、実際には証明することが難しい。

武力をもってしてフィリピンを占領した日本は、次の段階として圧倒的多数のフィリピン人民衆に対しての統治機構を構築する必要があっただろう。そのためには現地の言葉を操ることができ、ある程度はフィリピンの文化や習慣などにも通じている人が必要不可欠だった。

現地に溶け込んで生活している日本人移民や日系二世を日本軍が取り込もうとするのは自然な流れであり、事実そうなっていった。軍によって半ば強制的に命じられたケースもあっただろうが、徴兵を免除されている負い目から、むしろ自ら進んで日本軍に協力した人たちも少なくなかったのではないだろうか。

そうした現地採用の日本人移民や日系二世は、軍属という地位に置かれることが多かった。軍属とは、実際に戦闘に従事する武官や徴集兵以外を指し、基地での一般事務や車両の輸送に従事する者、また備品の補給や看護師、給仕係などである。フィリピンにおいては日本人移民や日系二世たちは現地語が話せるために通訳の仕事に就く者も相当数に上ったといわれている。
いずれにしても「日本軍に協力した」という事実が後々まで彼ら日系人を苦しめることになろうとは、当時は予想すらできなかったに違いない。

追われる身となった日系人

フィリピン占領後の一、二年ほどは、日本人移民や日系二世たちにとってはまだのんびりできた良き時代だったかもしれない。当初は日本軍の進駐を歓迎するフィリピン人民衆も少なくなかった。これまでスペイン、アメリカと三百七十年間にわたって植民地化されてきたフィリピンにとって、同じ黄色人種のアジア人である日本人が解放してくれたのだと親近感を覚える人もいたことだろう。

実際に日本は占領期間中、ホセ・ラウレルを大統領とするフィリピン第二共和国の一九四三（昭和十八）年の独立を容認し、同盟関係を結ぶなど、形式上ではあるが占領軍ではなく解放者として振る舞った。だが、現実には、第二共和国は日本の傀儡《かいらい》政権に過ぎず、フィリピン民衆の心は日に日に離れていった。

このころよく喧伝された大東亜共栄圏の樹立という日本側の唱える理想だが、その言葉自体には嘘偽りはなかったのではないだろうか。しかし、日本側と他のアジア諸国との間では、両者がイメージしている理想の姿がずれていたのだと思う。日本が考えていたのは、あくまでも日本が盟主であり、その傘下にアジア諸国が存在するというものだった。対してフィリピンをはじめとするアジア諸国は、完全な独立した自治を目指していたことだろう。

そのような内政状況のなか、一九四四（昭和十九）年十月になってアメリカは、フィリピンを奪還するために二十万人の兵力をもってレイテ沖海戦に臨んだのである。レイテ島はフィリピン群島の東側玄関口にあたる。ここで日本が誇る連合艦隊は壊滅させられ、アメリカは一気に攻勢に出て上陸を開始した。

全島が軍事要塞化されたコレヒドール島には現在も多くの戦争遺構が残されている

わずか二年半ほど前に、マニラ湾に浮かぶ要塞コレヒドール島で「アイ・シャル・リターン（私は戻ってくる）」の捨て台詞を吐いていったんは退却したアメリカ軍太平洋地区総司令官のダグラス・マッカーサーはその言葉どおり、本当にフィリピンへ舞い戻ってきたのである。

補給路を断たれた日本軍は打ち負かされ、首都マニラのあるルソン島へと後退するしかなかった。目を覆いたくなるような惨劇が連続して起きることになったのは、それからまもなくのころである。

一九四五（昭和二十）年に入って早々、とうとうルソン島のリンガエン湾へアメリカ軍は上陸した。二月には首都マニラを巡って日本軍との間で大規模な攻防が始まる。この市街戦ではマニラ市民約十万人が戦闘の巻き添えとなって亡くなった。

こうした戦闘による死者以外にも、日本軍が住民に対して虐殺行為を働いたことがわかっている。私はのちに、実際に戦場のフィリピンへ派兵されていた元日本軍兵士に知己を得てインタビューすることができた。その方も戦場では四名の住民を殺害している。そういった戦場の狂気はいったいどのようにして生まれていくのかについては、11章をお読みいただきたい。

戦争の末期、日本兵はなぜこのような凄惨な住民虐殺に手を染めることになったのか。

レイテ沖海戦で敗北した後、日本軍は敗走を続けた。圧倒的な軍事力を誇るアメリカ軍は戦車や戦闘機によって陸からも空からも日本軍を追い詰めていく。しかし、それだけではなかった。独立を志向するフィリピン人の地下組織は、侵略者である日本と戦うべく、アメリカ軍に合流する形で武装してゲリラ戦を展開した。フィリピン人武装ゲリラは山間部や農村へ潜入し、駐留している日本軍兵士を次々に襲ったのである。

パニックに陥った日本の兵隊は、少なくなかっただろうと想像される。自分たちが占領し支配していたはずのフィリピンだが、気がついてみると重装備のアメリカ軍が前線を蹴散らしながら迫ってきていたし、隣人として暮らしているはずのフィリピン民衆の中に武装ゲリラがまぎれているかもしれないのだ。

疑心暗鬼にとらわれた日本兵たちは、恐怖に駆られて次々とフィリピン民衆を虐殺していった。誰が一般市民で、誰がゲリラなのか、見分けることなど不可能だ。だから、少しでもスパイの嫌疑があると、自分たちが殺される前に相手を殺してしまえと、恐怖心から手を下したのである。

何の罪もない自分の家族や友人、親戚たちを非道な方法で虐殺されたフィリピン民衆の哀しみと怒りは、いかほどのものだったことだろうか。スパイどころか日本を欧米列強からの解放者として支持していた人たちも、その中には多数含まれていたに違いないというのに。

彼らの悔しさと怒り、憎しみは当然、自分たちの住む島を占領し戦場にしてしまった日本という国家に向かった。そして、その憎しみの目に囲まれて駐留し続ける日本兵は、恐怖のあまり再び蛮行に至る。そうした負のスパイラルは日本が敗戦するまで続いたことと思う。

その返す刀がフィリピン各地に居住する日本人移民とその家族、日系二世たちに振り下ろされることになる。肉親や友人を無実の罪で残虐非道な方法で殺害されたフィリピン人の憎悪は、日本軍兵士だけでなくそうした民間の日本人居留民にも向けられることになった。

とりわけ一世である日本人移民は、先に述べたように通訳などの軍属として、日本軍に協力する形で勤務する者が少なくなかった。フィリピンの一般民衆からしてみれば、日本人移民は日本軍の手先であり、同根である。そのように考える者が出てきても、ある意味当然のことなのかもしれなかった。

追い詰められた日本軍は、最高司令部である第十四方面軍司令部をルソン島北部の街バギオに移す。山岳地帯の深い渓谷に刻まれたベンゲット道路は、アメリカ軍と徹底抗戦するには好都合であり、日本軍は持久戦に持ち込んでいた。だが、とうとう四月にバギオは陥落した。これを受けて司令部はさらに山岳地帯の奥深く、カガヤン渓谷へ転進したが、日本軍には戦うために残された武器も食料ももはやなかった。

いっさいの補給が断たれた日本兵は次々に餓死していき、同時にマラリアや赤痢で命を落としていった。生き残った兵隊たちの統制は乱れ、仲間同士で食料を巡って争い、山岳民族の住居や畑を奪った。死んだ兵隊の死肉を食らう者さえあった。まさにこの世の地獄絵図そのものだったという。

旧厚生省引揚援護庁が戦後まとめた「大東亜戦争における地域別兵員および死傷者概数」によれば、フィリピンで命を落とした日本の軍人・軍属の数は四十九万八千六百人。この数字には、フィリピンに在留していた日本人の居留民は含まれていない。

アメリカ軍とフィリピン人武装ゲリラから命を狙われ、さらにこれまで隣人として関係を築いてきたフィリピン民衆からも憎まれる存在となった日本人移民とその家族たち。彼らには戦争末期から戦後にかけて、どのような運命が待ち受けていたのだろうか。

私がフィリピンの日本人移民に興味を持つきっかけをつくってくれたキアンガンのジョセフィンさんが、思わず言葉を濁した彼らの戦争を巡る物語を、これからひとつずつ紡ぎ出していこうと思う。

ルソン島北部の山岳地帯で暮らす日系姉妹

成田空港へ帰国した足で、私は東京・神田の神保町を訪れた。言わずと知れた古書の街である。アジア関係の書籍を揃えてある書店をまわって、戦前にフィリピンへ移民した日本人についての資料を探した。

驚いたのが、フィリピンの戦線に従軍していた元兵士たちが著した本の数の多さである。『ルソン戦記』『レイテの戦い』といった勇ましいタイトルの本が並んでいる。ぱらぱらとページをめくってみると、戦争の末期にアメリカ軍に追われて敗走したときの様子を著した体験記が多いように見受けられた。

太平洋戦争によって、フィリピンで命を落とした日本人の軍人・軍属の数は、旧厚生省引揚援護庁の統計によれば四十九万八千六百人であることは、すでに触れた。日本軍全体の犠牲者の数としては、フィリピンで死亡した人数が実は最も多い。この数字には、フィリピンに在留していた日本人の一般市民は含まれていない。ちなみに中国では四十五万五千七百人が犠牲となっている。

参考までに、日本がフィリピンの戦場で戦った相手、アメリカ軍の犠牲者数は同国で公刊された戦史などによると約一万五千人である。単純計算で、日本軍はフィリピンにおいてアメリカの三十倍以上の犠牲者を出したといえる。

生き残って日本へ無事に帰還できた元兵士が自分の凄惨な体験を書き残したいと考えるのは、自然な衝動なのかもしれない。いわゆる「戦記もの」にフィリピンを舞台にした本が多いのは、犠牲者の数をとってみてもわかるように、この地が史上まれに見る激戦地となったことを意味している。

しかし、肝心の日本人移民についての資料はそう多くはなかった。それでも、鈴木賢士《けんじ》さんというフォトジャーナリストが著した写文集『フィリピン残留日系人』(草の根出版会)は日系二世が戦後置かれた状況を取材して写真と文章でまとめたもので、この問題について初心者だった私にとって良き教科書になってくれた。

また毎日新聞の記者だった大野俊さんによる著書『ハポン──フィリピン日系人の長い戦後』(第三書館)は、侵略された側の民衆の立場に立ってフィリピン各地を取材したもので、残留する日系人の問題にいち早く着眼したすぐれたレポートである。

それから後に詳しく述べることになるが、フィリピンの残留日本人の問題を語るときに欠かせない人物であるシスター海野の伝記、鴨野守著『バギオの虹──シスター海野とフィリピン日系人の一〇〇年』(アートヴィレッジ)には、日系人の置かれた状況や戦後の地位向上に関するストーリーがひとりの修道女の視線から描かれている。

私はキアンガンでジョセフィンさんらから日本人移民や日系人についての話を聞いたとき、そのような歴史は初めて聞いたと興奮したものだった。だが、知らなかったのは自分ばかりで、すでに何人かの先達が取材して本にまとめていた。

古書店の片隅に、催し物を案内するDMなどが置かれているコーナーがあり、何気なく手にとったチラシが『アボン　小さい家』というタイトルの映画上映の案内だった。内容説明を読むと、アボンというのは「小さな家」を意味するルソン島北部の現地語だそうで、日本人移民の子孫が主人公の劇映画らしい。

ドキュメンタリー作品でもなければ戦争のことについて描いたものでもないようだったが、フィリピン社会では少数派の日系人がなぜ主人公になっているのか気になったので、チラシに掲載されていた連絡先にさっそく電話を入れてみた。

監督の今泉光司さんが直接電話に出られたので、くだんの件について尋ねると、今どこから電話をかけているのかと聞かれた。神保町ですと答えると、自宅が近くなので来ませんかと言う。その日は九州の自宅へ帰ることになっていたのだが、フィリピンの日系人について直接教えてもらえるチャンスを逃すべきではないと思い、その足で浅草のご自宅へ押しかけた。

今泉さんは、ふだんフィリピンのバギオという街に暮らしている。私が電話したときは、幸運にもたまたま実家へ帰省されているタイミングだった。話しているうちに年齢が同じだということがわかり、さらに若いころに海外を放浪旅行していたという点もそっくりだったので親近感を覚えた。

大学で映画を専攻した今泉さんは、旅の途中でフィリピンへ赴き、同国バギオに住む映像作家で「フィリピン・インディペンダント映画の父」と呼ばれる巨匠キドラット・タヒミック氏に弟子入りする形で、そのままバギオに留まることになったという。タヒミック氏は二〇一二年に第二十三回福岡アジア文化賞の芸術・文化賞を受賞するなど、日本人の間でもよく知られている映像作家である。

今泉さんは関係していたあるNGOの仕事のため、彼がたまたま友人とルソン島北部の山岳地帯にあるカパンガンという村を訪れていたとき、この村にフローラさんという日系二世の女性が住んでいると聞きおよんだ。今泉さんも私と同様に、どうしてこんな山奥の村に日本人の子孫が暮らしているのだろうかと興味をそそられ、すぐ会いに行ったそうだ。

私はその後、何度目かのフィリピン訪問で、実際にフローラさんが住む家を訪れる機会があった。彼女の置かれた境遇や人生は、典型的な残留日本人のものと思われるので、ここで紹介してみたい。

フローラさんは戦時中の生まれで、物心がついたときにはすでに父親の姿はなかった。だから、まったく記憶には残っていないが、母親から自分の日本人の父親について聞かされて育った。

父親のシゲトミ・トライチは一九〇〇年代初頭に、ベンゲット道路（通称ケノン・ロード）と現地で呼ばれている道路建設のための労働者として日本から海を渡った。

しかし、当時の土木技術では、険しい山岳地帯を縫うように進む道路の建設が思うようにはかどらなかった。全長が四十一キロある道路のほとんどは、険しい断崖絶壁や峠を登下降するルートをとっている。建設中は事故も多発し、たくさんの労働者が亡くなったという。

ケノン少佐が指揮したためケノン・ロードと呼称されるこの山岳道路は、そのためなかなか完成しなかったのだが、停滞する建設計画を一気に打開するための秘密兵器が日本人労働者の投入だった。

よく日本人は手先が器用だといわれるが、同時に命令には従順で忍耐強いところがあるとも評される。ケノン少佐は日本人のそのような性質に目を付けた。そのころ、アメリカは日本人移民の流入を禁止していた。だが、ケノン少佐が強引に説き伏せて日本人移民を導入したという。

それだけこの道路の建設には困難が伴い、フィリピンを統治するアメリカ政府にとっては完成が悲願だったということなのだろう。

現在はバギオで暮らすフローラさん一家
（右端がフローラさんで、その隣が姉のニニータさん）

十九世紀終わりごろ、つまり明治中ごろの日本といえば、明治維新によって近代化が進められるいっぽうで、地方や農村の人たちはその恩恵を受けることができなかった時代だ。そのような人余りの時代、政府は海外への移民や出稼ぎを積極的に奨励した。

ハワイ、ブラジル、ペルー、アルゼンチン……。海を渡った日本人移民は、農村の次男、三男たちが多かったといわれている。明治の農村ではまだ土地を持たない小作農のほうが圧倒的に多かった。

小作農の次男や三男は結婚して家族をもうけたとしても、親から分割してもらえる土地などないため、どこか外へ出ていくしかなかった。ある者は庄屋に雇われて土地を拓き、ある者は他の仕事を求めて都会へ出ていった。まだ外国の情報などほとんど得られなかっただろうに、よく海外へ移民しようという気になったものだと思う。それだけ日本はまだ貧しかったということであり、仕事を見つけるためには海外への移民も選択肢のひとつだったのだろう。

ルソン島のベンゲット道路建設は一九〇〇（明治三十三）年に開始されているが、日本から第一回目の移民が送り出されたのは一九〇三（明治三十六）年になってからのことである。ベンゲット道路は一九〇五（明治三十八）年に完成するが、その間、いわゆる「ベンゲット移民」として約二千五百人の日本人がフィリピンへ渡った。

地理的に近いということは心理的な安心感を生むのだろうか、海を渡った男たちは九州や沖縄など西日本の出身者が多かった。

事故や病気によって亡くなった日本人労働者の総数は六百名にも上ったというから、工事の困難さと危険性がいかほどであったか容易に想像できるだろう。シゲトミ・トライチは仲間たちが次々と犠牲になっていくなか、どのような気持ちで仕事を続けたのだろうか。

フローラさんの母親、キファニー・ヌガレスさんはトライチと一九二七（昭和二）年にバギオ市内で結婚した。トライチはベンゲット道路が完成してからもフィリピンに留まり、バギオ近郊で農業に従事していたときにキファニーさんと知り合ったようである。

日本人移民の多くは、帰国しても居場所がない日本へ帰るよりは、フィリピンで結婚して家族をもうけ、仕事を探して定住する道を選んだ。バギオ近郊で農業を営む者。大工や石工として家や教会を建設する仕事に従事する者。あるいは仕事を求めてマニラやダバオなどの都会へ渡っていく者。

トライチがベンゲット道路の仕事を終えて移ったのはダバオではなくバギオだったが、彼もまたそこで現地の女性と結婚し、ふたりの間にはフローラさんをはじめ二男二女が生まれたのである。

長男はシゲル、姉はオタマ、そしてフローラさんはトミという日本名で呼ばれた。ただ次男については理由がはっきりしないが、フィリピン名のエスキーボと呼ばれていたという。家の中では日本語と、キファニーさんの母語であるイロカノ語がチャンポンで使われていた。

ところが太平洋戦争がはじまると、家族の幸せはいつまでも続かなかった。

フローラさんが生まれた直後、父のトライチは日本へ帰国することになった。赤子だったフローラさんには、当然そのときの経緯は知る由もない。だが、五歳違いの姉ニニータ（日本名はオタマ）さんは当時の様子をよく覚えていた。

トライチは自分の妻キファニーさんの実家があるアトック村を訪れ、近いうちに日本へ帰国しなければならないことを告げたという。戦時中はフィリピンに居住する日本人一般市民の多くが軍属などとして日本軍に協力させられることになったが、年齢的に若くない人は日本へ帰国させられることになったからである。トライチはそのとき五十五歳だった。

自分はまだ子どもだったから、父親が日本へ帰国すると聞いてもまるで意味がわからなかった。しかし、母親が大粒の涙を流して泣いていた情景を姉のニニータさんはよく覚えている。一九四三（昭和一八）年のことだ。

その日を最後に、トライチは家族の前から姿を消し、再びフィリピンへ戻ることはなかった。

トライチの消息がわかったのは、敗戦から四十年もたった一九八〇年代になってからのことである。ルソン島北部の山間地で零細な農業を営みながら暮らしているフローラさんたちにとって、戦中に日本へ帰国してしまった父親を探すのは、月で餅をついているウサギを探し出すのと同じくらい困難なことだった。いっさいの手がかりもなければ、日本を訪問する費用を捻出することなど夢のまた夢だったからである。

シスター海野が設立した日系人援護組織「アボン」

この困難な探索を引き受けたのが、バギオ市内にある「アボン」という組織である。今泉さんが制作した映画『アボン　小さい家』のタイトルはそこから拝借している。

バギオにある「アボン」は正式な名称を「北ルソン比日友好協会」（現在は改称されて北ルソン比日基金）というが、この組織は日系人の援護を目的として一九七三（昭和四八）年に設立されたものだ。フィリピンの日系人社会では今なお絶大な尊敬を集める故シスター海野の呼びかけによるものである。

みんなから「シスター海野」と親しみを込めて呼ばれていた静岡県出身の海野常世《とこよ》（洗礼名テレジア）は、長らくカトリック教会の修道女として幼稚園の運営などの教育活動に携わった後、一九七二（昭和四七）年に骨を埋めるつもりで単身フィリピンへやってきた。

その二年前にローマ法王ヨハネ・パウロ六世のフィリピン訪問に随行した海野は、マニラ最貧といわれるスラム街トンド地区を訪れた際、子どもたちの絶望的な貧困を垣間見て、自分の第二の人生はフィリピンで送ろうと決めていたからである。

マニラからバギオへ移った海野はほどなくして、戦前にはこの地にたくさんの日本人移民が暮らしていたこと、そして彼らの子孫が戦争という極度の混乱の渦に巻き込まれて、戦後も苦難の人生を歩んでいることを知る。

探し当てたある日系二世の女性から、戦中から戦後にかけて送ってきた家族の苦闘の物語を聞いて、海野は衝撃を受けた。とりわけ海野は、日系人の多くが自分の内部に流れる日本人としての出自を隠し、戦後は名前を変え、日本語をいっさい使わずに生きてきたことを知って愕然とした思いになった。

隣人や友人たちはおろか、ときには自分の妻にさえ、日本人としての出自を隠し通しながら生きてきた日系人たち。フィリピンには消そうとしてもとうてい消し去ることのできない深い戦争の傷跡が、戦後かなりたつというのに放置されていた。

フローラさんとニニータさん姉妹は戦後、小学校へ通うことはできたけれども、級友から髪の毛を引っ張られたり石を投げつけられたりというつらい経験がある。現代の日本でいう「いじめ」と同じようなものだと考えてよい。

しかし、石を投げられるだけならまだましなほうで、棍棒で殴られたり、ひどい場合には命を狙われて、実際に殺害される事態も起きた。断っておくが、あくまでも戦後の話である。

日本人の血を引いているというだけのことで、なぜ日系人はこのような仕打ちを受けなければならなかったのだろうか。

歴史の教科書では、日本はフィリピンでアメリカと戦っていたということになっている。しかし、この島は本来、フィリピン人たちが暮らす土地である。つまり実際には、他人の領土において関係のないふたつの国が戦争をしていた。

フィリピン人にとって、そのような状態がおもしろいわけはない。理屈だって通らない。フィリピンは一五七一（元亀二）年にスペインによって植民地化され、その後一八九八（明治三一）年にスペインとアメリカとの間で起きた戦争（米西戦争）によってアメリカの領土となった。実に三百七十年以上にわたって他国に侵略され統治されてきた歴史をフィリピンは有している。その植民地を引き継いだのが日本である。独立国として自分たちの国を建国することは、多くのフィリピン人にとって悲願であった。

独立を志向するフィリピン人の組織は、侵略者・日本と戦うべくアメリカ側に加担する形で武装し、ゲリラ戦を展開したのである。武装ゲリラたちは山間部の農村地帯へ潜入し、駐留する日本軍兵士を襲った。

戦争末期、レイテ島での日本軍敗北に端を発して、再上陸した米軍はその圧倒的な兵力と武力により日本軍を後退させていく。そのころになると、アメリカ軍とフィリピン人武装ゲリラは一体化した米比軍として日本軍を追い詰めていった。その結果、日本軍による無差別虐殺が起きた。

マニラの南方約百キロのところにある風光明媚なタール湖畔の街、バタンガス州リパ市。戦後に戦争犯罪を裁くために開かれたマニラ軍事裁判において、検察官をひんしゅくさせ、弁護士に

「世界の戦争史に汚点を残した」とまで評されたいわゆる「リパ事件」が起きた場所である。
一九四五（昭和二〇）年二月、駐屯する日本軍が付近の住民を連行し、たった一日で少なくとも千人以上の無差別虐殺を行った。集められた住民は老若男女を問わず、生後間もない赤ん坊も含まれており、たった二十名ほどの日本軍兵士によって銃剣で次々と刺殺された。

遺体はそのまま渓谷の谷底へと転がして遺棄した。人間というものは恐怖に駆られると平気でこのぐらいのことをやってのけるという、まさに戦慄すべき事件であった。

この事件に関しては戦後、直接手を下した日本兵のひとりである元第八十六飛行場大隊所属だった友清《ともきよ》高志《たかし》さんという方が勇気をふるって手記を出版したことにより（『狂気―ルソン住民虐殺の真相』徳間書店）、虐殺に至る具体的な道筋が明らかになっている。

「墓場まで罪の意識を背負って生きなければならない」という友清さんは、「敗色濃い瀬戸際に追い込まれた側としましては、みなさんの日常の常識ではどうにも理解できない凶暴性を帯びてきます」と証言している。

友清さん自身も上官に命令されるまま、銃剣で若い母親を乳飲み子もろとも刺殺したという経験を持つ。リパ事件は日本軍による住民虐殺の氷山の一角に過ぎなかった。

自分の家族や友人、親戚らを無実の罪で虐殺されたフィリピン民衆の怒りと憎しみはどこに向かうのか。それは当然、自分たちの住む島を占領し戦場にしてしまった日本という国家であり、その象徴としての残虐非道な日本軍なのである。日本人移民とその家族もまた、肉親を殺害されたフィリピン人たちの憎悪の的となった。

トライチは年を取りすぎているという理由で日本へ帰国させられることになったが、健康で若い移民一世や二世らは現地徴集された。そして、日本軍の軍属や通訳などとして戦時体制に組み込まれていった。

そのため、戦時中は彼らもフィリピン人武装ゲリラを怖れながら暮らさなくてはならなかったのである。

日本軍がやがて追い詰められる形で敗走を続けるなか、それまで一般市民としてフィリピン人社会の中で暮らしていた日本人移民の家族もまた、山中への逃避行を強いられることになった。米比軍に捕らえられて捕虜となった日系人家族は、戦後は移民一世の父親のみが日本へ強制送還されることになり、残された家族は大黒柱を失ったままで戦後の混沌とした社会へ漕ぎ出さなくてはならなかった。

当時まだ子どもだった日系二世の多くは、ベンゲット道路に象徴されるような険しい山岳地帯に点在する山村で母親の実家に身を寄せて、猫の額ほどのわずかな畑を耕しながら暮らすことになった。教育を受ける機会をまったく絶たれてしまった二世も少なくない。まさにフローラさんの人生をそこに重ね合わせることができる。

戦後になっても、日系人を取り巻く状況はさほど変化することはなかった。現在では想像するのも難しいことだが、戦後間もなくのフィリピンでは対日感情が極端に悪かった。

日系二世の多くは、自分が日本人の血を引いていることを隠すために、父親からもらった日本名を捨て、母方のフィリピン名を名乗った。日本語を話すことも危険だったので止めた。そうして世間の目から隠れるようにして、戦後の時代を生きてきたのである。

シスター海野はそうした日系人たちの境遇に驚くと同時に胸を痛めた。そして、生涯を日系人の地位向上のために奉仕しようと決意することになる。「アボン」＝北ルソン比日友好協会はそのための組織としてスタートしたのである。

海野の呼びかけと探索によって、フィリピン人として世を憚りながら生きてきた日系二世たちは、おずおずと少しずつだが名乗り出るようになった。東京オリンピックが開催され、新幹線が開通し、大阪で万国博覧会が開かれる。日本は高度成長の波に乗って経済大国として台頭しつつあり、戦後はもう終わったのだというムードが広がっていた。

日本軍による住民虐殺「リパ事件」を伝える現地のメモリアル

それに伴いフィリピン人の対日感情は変化し、それまでの憎悪の対象から一転して、夢の経済大国への羨望を抱くようになっていた。「じゃぱゆきさん」たちが大挙して日本を目指したのもこのころである。

映画監督の今泉さんは、ルソン島の山村でフローラさんから自分と家族にまつわる物語を聞き取った際に、日本人移民の子孫を主人公にした映画の構想が閃いたのだと述懐している。

私がキアンガンで会ったジョセフィンさんから教えてもらった「日本人移民の子孫たちは大変な苦労をしたそうで

す」という言葉の意味が、おぼろげながらも見えてきた。あとは実際に二世の方々に直接お会いして、彼らの生の証言を積み重ねていこうと思う。

3章　日系二世との初めての出会い

手がかりを求めてまずルソン島のバギオを目指す

キアンガンの元小学校教師ジョセフィンさんから、戦前の日本占領期のフィリピンや日本人移民について教えてもらった半年後、私は再びマニラへ降り立った。帰国している間に、私は日本人移民のことや戦場になったフィリピンについていろいろ調べた。よって、今回はできるだけ多くの日系二世の方々にお会いして、当時の様子について話を伺うことが目的である。

日本とフィリピンを結ぶ飛行機はたくさん出ているが、私は経費の都合上できるだけ安い航空券を探した。すると、どの航空会社を使ってもマニラ到着は深夜になる。

その後、私は何度もフィリピンへ通うことになるのだが、旅の途上でどのような出会いがあるだろうかと期待に胸を膨らませるいっぽうで、「あの」空港へ降り立つことを考えるといつも気分は滅入り、憂鬱になった。

あの空港とは、マニラのニノイ・アキノ国際空港のことである。空港ターミナルには独特の緊張感が漂っていて、それは他のアジア諸国では味わうことのできない種類のものだ。

入国時にしても出国時にしても、通関の際にはいつもトラブルになる。気分が滅入る理由はその点にあった。端的に言うと、税関職員から袖の下を要求されるのである。私は常に大きなカメラバッグを携帯しているためか、彼らの標的になりやすいのかもしれない。

係官が何セットもあるカメラボディや交換レンズをひとつひとつ弄びながら、持ち込みにはそれ相応の税金がかかるのだとやんわり要求してくる。目を離している隙にバッグの中の財布を勝手に開ける信じられない輩もいる。

これまでの経験では、権力を振りかざしたあからさまな袖の下の要求は、アフリカなどではけっこうある。だが、アジアではあまり見られないものだ。ただフィリピン人の名誉のために言っておくと、フィリピンの市民が右も左もわからない外国人に対して、このような行動に出ることはまずない。この国は空港職員のせいで、かなり国のイメージを損なってしまっていると思う。残念なことである。

空港ビルを無事に出ると、熱帯特有のもわっとした生暖かい外気が出迎えてくれた。さっそくTシャツ一枚の姿になると心まで軽やかになる。ああ、またフィリピンへ戻ってくることができたのだな、とうれしくなった。

二世の日系人をできるだけ訪ねて、戦前から戦後にかけてご自身が体験されたファミリー・ストーリーを語っていただきたい。ご両親がどこの出身で、いつごろ、どのような目的でフィリピンへ来られたのか。戦後になってからも大変な苦労をされたとのことだが、それはどのような苦労だったのか。知りたいことは山のようにあった。できればポートレートも撮影させてもらいたいと思っている。

日本とアメリカとフィリピンという三つの国へのアイデンティティを持っている彼ら彼女らの生い立ちを追うことで、歴史の狭間で埋もれている新たな事実を発掘することができるかもしれない。また、そこからあの太平洋戦争というもののリアルな実像を浮かび上がらせることができるかもしれない。

人間が百人いれば百通りの人生がある。だから、一人ひとりの日系二世の人生に光を照射していけば、教科書に書かれているような大文字の歴史ではない戦争の本質が見えてくるのではないだろうか。そんな大それたことを私は考えていた。

そのためにはまず、日系二世の方に会いに行かなくてはならない。そうは言っても、手がかりはほとんどないに等しかった。

フィリピンは日本とよく似た島嶼国家で、実に七千以上もの島々から構成されている。ルソン島、ミンダナオ島、ネグロス島、レイテ島などは、比較的日本人にも名前はよく知られているだろうか。国土面積は日本の約八割の約二十九万九千平方キロメートル。二〇一四（平成二六）年には人口が初めて一億人を突破している。

全国に散らばって暮らしているであろう日本人移民の子孫たち。彼らを探し出して自宅を訪ねるのは、まるで雲をつかむような話である。ただ、まったく手がかりがないわけではなかった。

映画監督の今泉さんから、バギオには通称「アボン」と呼ばれる「北ルソン比日基金」（以下、「北ルソン比日基金」を「アボン」と呼ぶ）という日系人のための組織があるので、訪問したらいろいろ情報が得られるのではないかと進言されていた。

さらに、ミュージシャンの友人から、やはりバギオに反町《そりまち》眞理子さんという方がいて、環境NGOを設立して長年にわたって活動されていることを教えてもらった。

ともかくバギオに行ってみようと思った。

バギオは標高が約千五百メートルある高原の街で、湿度が低く年間の平均気温が約二十度と過ごしやすいため、すでに2章で述べたようにアメリカによる統治時代に「夏の首都（サマー・キャピタル）」として開発された。ベンゲット道路の終点にある街である。現在はビクトリー・ライナー社などの民間バス会社が一日に何本もバスを運行しており、マニラから約五時間程度で到着することができる。

街なみは渓谷が複雑に入り組んだ狭い地形に広がっており、建物が隙間なくびっしりと連なっている。坂道が多いためか、ジプニーと呼ばれる乗り合いタクシーが発達しており、いつ乗っても満員状態である。

最も賑わうのは、目抜き通りのセッション・ロードと呼ばれる坂道で、歩いているととにかく若い学生の姿が目に付く。時間帯によってはまるでラッシュアワーのようになる。聞くところによると、バギオには大学だけで五つもあり、現在では文教都市としての顔を持っているとのことである。

学生が多いためこのセッション・ロードに沿ってたくさんの飲食店やブティック、銀行などが軒を連ねている。今ほどではないにしても、戦前や戦時中もここはバギオの中心だった通りで、往時は日本人が経営する商店も多数存在したという。

シスター海野によって「再発見」された日系二世

バギオの中心部を広く占めるバーンハム公園を見下ろす高台の住宅地の一角に、「アボン」の事務所はあった。アポはとっていなかったが来訪の意を伝えると、すぐに会長のエスカルロ氏の部屋に通された。

私はここに来るまでの経緯を簡単に説明し、日系二世の方々にお会いして話を伺いたいことを伝えた。できれば戦前・戦中の記憶を持っている人を紹介してほしい、とも。ところが、意に反してエスカルロ氏の反応はそっけなかった。

「あなたは何のために、今さらそういうことをするのですか?」

「これまですでに何人ものジャーナリストや大学の研究者や調査員たちが来て調べていきましたよ」

といった調子で、バギオ周辺に暮らしている二世の方々の連絡先についてもなかなか教えてくれようとはしなかった。

「アボン」のことを教えてくれた今泉さんによれば、この事務所の二階には図書・資料室があり、日本人移民や日系人、太平洋戦争に関しての資料が揃っているから、ぜひ閲覧をお願いしたらいいとアドバイスも受けていた。しかし、エスカルロ氏は閲覧さえも許可してくれなかった。

「昔の『アボン』とはだいぶ雰囲気が変わってしまったからなあ」と今泉さんはつぶやいてい

たが、たぶんこういうことなのだろう。

フォトグラファーとかジャーナリストとか名乗っても、私はどこにも属していないフリーランスの身。いきなり「信用してください」と言っても無理があるだろう。それはこれまでの取材でも何度か経験してきたことだ。売名行為でやっている連中もいるだろうし、お金の匂いを嗅ぎつけて現れる人だっているだろう。

実際、その後の取材でわかったことだが、「身元を調査してあげるから」という甘言に乗って、結果的にかなりの額のお金を騙し取られた日系二世に何人も出会った。人の弱みに付け込む輩というのはどこにでもいるものである。だから、エスカルロ氏が私に対して警戒心を抱いたとしても、なんら不思議はなかった。

さらには、取材を進めるなかで感じたことをもうひとつ。エスカルロ氏が日系二世の問題にあまり積極的に触れたがらないのは、それなりの理由があるように思えた。それは「アボン」という組織の目的意識の変化である。

シスター海野についてはすでに述べたとおりである。海野は教会に通ってくる人たちから情報を募り、ひとりふたりと日系人を探していった。呼びかけに応じて隠れていた日系人も少しずつ名乗り出てくれるようになった。そのため日系人たちが再びバラバラになってしまわないように、海野は北ルソン比日友交協会を設立したのである。その五年後には、名乗り出た日系人の数は千人を突破したという。

海野が「アボン」を設立した当初は、表に出てこない日系二世たちをまとめて組織化し、生活

フィリピン残留日本人の救済に力を注いだシスター海野

の向上に向けてさまざまな問題に取り組んでいくという明確な目的があった。日系人の地位向上を目指すためには、まず何よりもバラバラになってしまっている彼らを再び結びつける必要がある。ところが、それから四十年が過ぎ、日系人を取り巻く情勢は大きく変貌してしまっていた。日本が経済大国として国際社会をリードする立場になって以来、フィリピン人にとって日本はもはや憎悪の対象ではなくなり、豊かで憧れの国という意識に逆転していた。

自分たち日本人にも同様のことが、そのまま当てはまるだろう。かつて戦時中は鬼畜米英と呼んで憎しみを掻き立てていた相手なのに、戦争が終わるといつのまにかアメリカやイギリスは日本人の好きな国になってしまっている。

それはともかく、日系人の組織である「アボン」も結成から四十年もたてば、当初の目的が違ってきても当然のことのように思える。二〇〇九（平成二十一）年に「アボン」が集計した記録によれば、ルソン島北部に居住する日系人の総数は七千四百七十三名に上る。だが、そのうち戦争を知っている世代となる二世はわずか六〇二名であった。つまり人口の割合で見ると、二世はもはや日系人総数のわずか八パーセントほどに過ぎないのである。

日本人が最初にバギオに移民したのは二十世紀前半のベンゲット道路建設時だと思われるが、それからすでに百年以上が経過しており、日系人社会では六世も誕生していた。そのため人口動態の推移により、「アボン」がいま最も力を入れているのは子孫たちの教育なのである。

日系二世の多くは戦後、身を隠すようにして生きてきたため、教育を受ける機会を奪われてしまった。また、後に詳しく述べることになるが、父親が日本人で母親がフィリピン人の混血の場合、父親は戦時中の混乱の中で死亡したか行方不明になったケースが少なくなく、あるいはアメリカ軍によって捕虜となり収容所送りとなった後に、日本へ強制送還された人も多い。

そのため一家の大黒柱を失った家庭状況では、教育を受ける機会はさらに減ることになってしまう。フィリピン社会は貧富の差が大きい歴然たる階級社会である。そのため日系人が戦後になっても貧困からなかなか脱け出せなかったのは、この教育の問題が大きい。

「アボン」は設立された翌年に早くも奨学金制度をスタートさせていた。日系人の地位向上のため、的確に彼らに支援を続けてきたのである。そのような「アボン」の目的意識の変化から、エスカルロ氏が私に対して「何を今さら」という感情を抱いたとしてもある意味で当然のことだったと思う。

最近まで首狩りの習慣があったカリンガ州へ

「アボン」を後にした私は、反町眞理子さんを訪ねた。日本で放送作家などをされていた反町さんがバギオへ移り住んだのは一九九六（平成八）年のこと。植林や環境教育を柱とするNGO団体「コーディリェラ・グリーン・ネットワーク」（CGN）を自ら設立・運営されている。

長年にわたりバギオに在住されているため顔も広く、日系人の知人・友人も多いという。そのため、その後の取材と調査では、私は彼女の幅広い人脈と明るい笑顔におおいに助けられ、勇気づけられた。

「昨日までカリンガ州をまわっていたのだけど、ルブアガンという小さな街に滞在しているときにアンドウさんという日系二世の方がわざわざ訪ねてきてくれたのよ。でも、NGOの催しで忙しくてゆっくり話を聞けなかった。船尾さん、代わりに行ってきてくれませんか？」

反町さんはCGNの活動の一環として、日本とフィリピンのアーティストの交流のために「プラネット・ラブ・コンサート」という催しを企画している。その関係でミュージシャンらを引き連れて、バギオから二百キロほど北にあるカリンガ州へ出向いていたのだった。

「カリンガ族は首狩り族として知られているのですけど、それでも大丈夫ですか？」

反町さんはびっくりするようなことを言って、いたずらっぽい目で私を見た。

「首狩り、で、す、か？」

現代では、その古い習俗は廃止されているが、十数年前までは本当に行われていたのだという。ルソン島北部の山岳地帯には、イフガオ族やボントック族、カリンガ族などがそれぞれ独自の文化や習慣を伝承しながら暮らしている。だが、かつては民族同士の争いのときに首狩りが行われていた。

ただし、それは無差別な戦争や殺人を意味するのでも彼らが未開で野蛮だから行うものでもなく、一定の割合で争いに歯止めをかけるための一種の「抑止力」としての首狩りであることが、民俗学者たちの調査でわかっている。

「わかりました、行ってみます。そのアンドウさんに会ってきます」

初めて行く場所ということもあり、怖くないかと問われるとそれはやはり怖い。しかし、このときの私は、なんでもいいからきっかけが欲しかった。早く日系二世に会ってみたかった。

これは後日談になるのだが、私がカリンガ州の奥地にひとりで行ってきたという話をすると、フィリピンの人は真顔になって「大丈夫だったの？」と心配してくれ、「よくひとりで行ったなあ」とあきれられたりした。フィリピンの人たちからすれば、カリンガ族は今なお怖れられているのである。

そのルブアガンという街がいったいどこにあるのか、見当もつかなかった。だが、「アボン」を訪ねて少々挫折感を味わっていた私にとってはまさに渡りに船の話であり、何はともあれそのアンドウさんに会いに行こうと思った。

バギオのバスターミナルでルブアガン行きを探すが、直通は運行されていなかった。まずはカリンガ州の州都タブックへ赴き、そこで乗り換える必要があるらしい。夜行バスが出ているというので、その便に乗ることにした。

いつもそうだが、自分でテーマを決めて行う取材では経費は自腹である。出版社の編集者や新聞記者に概要を話してみても、「おもしろそうですね」と言ってくれるわりには誰ひとりとして経費を前払いしてくれる人などいない。だから、出費はできるだけ切り詰めなくてはならない。フリーランスのつらいところである。

取材で車をチャーターするなんてことは、他に交通手段がまったくないような場合を除いてめったにない。と、少し愚痴っぽくなったが、バスや列車などの公共交通を利用して旅するほうが、本当のところは私の性に合っている。

何よりも、同乗している客のほとんどは、いわゆる庶民階級の人たちだ。アジアやアフリカの多くの国では、都市部を除いては自家用車を所有している人や借りることができる人はまだまだ一部である。その国の経済状況や庶民の考えを知るためには、公共交通で旅をすることは欠かすことができない。

小さな村へ寄り道したり、市場の前に停車して荷物の積み下ろしをしたりするのを眺めることができるので、普通の人たちの暮らしぶりというのが実によくわかる。それに私はもともと若い頃からバックパックひとつで海外を旅してきたから、バスに乗るほうが気楽だし、しっくりくるのである。

翌朝に到着したタブックでひとまわり小さなバスに乗り換え、ルブアガンを目指す。山あいに付けられた未舗装のガタガタ道を進む途中、ときおりハッと息を呑むほど美しい景色が現れる。山の斜面を切り拓いてつくられた棚田である。

イフガオ州周辺にある世界遺産にも登録されているコルディリェーラ山脈の棚田のいくつかは、これまですでに撮影のために訪れていたからわかる。このあたりに点在している棚田も、明らかに機械ではなく人力で拓かれた田んぼだ。おそらく何世代もかけて鍬とスコップで丹念に山を削り、平らにならして水路を引き、棚田を拓いてきたのだろう。

大分県の中山間地に暮らす私は自分でも棚田で米をつくっていることもあって、こうした自然と調和した美しい田を見ると、ついついどのような方法で拓かれたのかとか、どのような苗の植え方をしているのかとか、そういうところに目がいってしまう。

自然の地形をうまく利用して棚田を拓き、そこから糧を得ながら暮らしている無数の無名の農

ルソン島北部のコルディリェーラ山脈には険しい山肌を削って拓いた棚田がいくつも点在している

民たちこそが、最高のアーティストと呼ばれるべきではないかと私は常々考えている。

ルブアガンが近づいたとき、ひと騒動あった。ひとくちにルブアガンといっても、それなりに広い範囲を指すらしい。棚田が点在するのと同じく、集落もあちこちに分散してあるのだろう。

「ルブアガンのどこで降りるのか?」

車掌に尋ねられたが、アンドウという日系二世の方のところへ行きたいのだ、としか私は答えることができない。

乗客の何人かから、住所や電話番号は持っていないのかと尋ねられる。いや、それが持っていないのです、と答えると、いつのまにかバスの車中では乗客の間で何やら議論が始まっていた。こういうとき必ずと言ってよいほど「自分が知っている」という人物が現れるから不思議なものだ。

フィリピンに限らず、私は海外での取材でどれだけそういう人のお世話になってきたことか。そのときも、美容師をしているという若い男性がわざわざ私と一緒に下車して、アンドウさんの家へ案内してくれることになった。

戦前に建てられたと思われるその二階建ての木造家屋は、通りに沿って長屋のように他の家屋とつながっており、一階部分がサリサリ・ストアー（雑貨屋）になっていた。店番をしていた四十代と思われる体格のよい女性に来意を告げると、アンドウさんは奥からすぐに姿を現した。私の突然の来訪に特に驚いている様子はない。先ほどの女性は娘で、ふたりで暮らしているという。

「バギオからは今着いたの？　だったらまだ朝食をとってないでしょ」

挨拶もそこそこに、私はギシギシ鳴る階段を登って二階の居間へ通された。そして、アンドウさんは階下の店で売っていると思われるイワシの缶詰を持ってくるとそれを皿に空け、少し冷めたご飯と一緒に出してくれた。

一九二四（大正十三）年にここルブアガンで生まれた彼女には、父親から授かった日本名があり、「シズエ」という。しかし、戦後に結婚してからはずっとアルカディア・ダミアンというフィリピン名を使用している。

「日本名はシズエさんというのですね。私の祖母と同じ名前です」

話を継ぐと、アルカディアさんは目を輝かせて喜んでくれた。食後にはミルクと砂糖がたっぷり入ったインスタントコーヒーを振る舞ってくれた。フィリピンはかつてアメリカに統治されていた影響か、緑茶や紅茶よりもコーヒーのほうが一般には浸透している。

父親の名前はアンドウ・ツギヨ。ふだんは現地名の「フランシスコ」を使っていたという。母親のマリアさんとはバギオで出会い、マリアさんの故郷であるルブアガンに来てからふたりは結婚した。当時、村のカトリック教会にはベルギー人の神父がおり、彼の前でふたりは結婚式を挙げたという。

アルカディアさんは十人兄弟の上からふたり目である。現在暮らしている古い家は、父アンドウが住んでいた家とは異なり、亡くなった夫の生家だそうだ。

父親がいつごろに、また日本のどこから移民してきたのかは、アルカディアさんも知らない。しかし、一九二〇（大正九）年ごろにルブアガンへ現れたらしい。腕の立つ大工だったのは確かなようで、この村にある教会や聖堂、小学校の建築などに携わった。

「父は村人に尊敬されていました。それは村人たちと対等に付き合おうとしていたからだと思います。こちらには日本とよく似た相撲のような競技があって、村の祭りでは男たちが余興にやるのですが、父も一緒になって相撲を取っていました」

戦争が始まると、ルブアガンへも数十名の日本軍兵士が現れて駐屯した。だが、父親のアンドウが村人と非常に仲良く付き合っていたせいか、日本兵と現地の人との間で衝突はまったくなかったという。駐屯する日本兵もふだん村の中にいるときは武器を携帯していなかったというから、戦争とは無縁な山あいの平和な村だったのだろう。

「でも、戦争末期に広島と長崎に新型の原子爆弾が落とされたという話が伝わったときには、兵隊たちは完全武装してどこかへ去って行きましたよ。父はそのとき、もうこの世にはいませんでしたけど」

父親のアンドウが亡くなったのは忘れもしない一九四五（昭和二十）年二月。米軍機の編隊が七機、突然のように山を越えて現れ、村を空爆した。他にも何人かの日本兵が命を落としたという。

「お父さんがいなくなって、戦後は苦労されたんじゃないですか？　村の人からいじめられたりしなかったですか？」

話を戦後に振ったが、アルカディアさんはとんでもないというように首を大きく横に振り、否定した。大黒柱の父親を失ったため経済的にはそれなりに苦労はしたが、いじめにあったり、ましてや迫害を受けるようなことはなかったと断言した。それだけ父親のアンドウは、現地にすっかり溶け込んでいたということなのかもしれない。

「そうそう、妹が日本軍の兵士と戦時中に結婚したんですよ。たしかアリマという名前でした」

戦中の混乱のため、その後のふたりの消息はわからないそうだ。しかし、規律に厳しいといわれた日本軍の兵士が現地で結婚するというようなことが本当にあったのだろうか？　水木しげるが戦時中の体験をもとに描いた漫画『敗走記』（講談社文庫）には、パプアニューギニアの小さな島で津田という兵隊が現地人のメリーと恋仲になり、結婚する話が収録されている。もしかしたら、そういうことはわりとあったのかもしれないが。

アルカディアさんを取材した後、正直なところ私は戸惑っていた。これまで聞いたり調べたりした限りでは、日系二世たちは戦中・戦後と迫害から逃れるために大変な苦労をしたということになっている。恨みから実際に命を落とした例もあると聞いている。しかし、アルカディアさんの父親を懐かしむような穏やかな口調からは、そのような気配はみじんも感じられなかった。

カリンガ州ルプアガンに暮らす日系２世アルカディア・アンドウさん

日本語はすっかり忘れてしまっており、またシズエという日本名も使っていなかった。とはいえ、それは戦後に日本人とのいっさいの交流を絶たれたためであり、自発的に迫害から逃れるためにとった措置ではないようである。

本当に日系二世らは筆舌に語り尽くせないような苦労をしてきたのだろうか。それはごく一部の人たちだけに起きたことではないのだろうか。ちょっと自信がなくなってしまった。

だが、その後に取材を重ねていくにつれ、多くの日系二世たちが戦争によって人生を翻弄され、辛酸をなめてきたのはまがいもない事実であったことを知ることになる。

4章　日本軍の最後の地、ルソン島にて

日本人移民の墓

日系二世のアルカディア（シズエ・アンドウ）さんをルブアガンに訪ねた翌日、私は乗り合いバスに揺られてサガダを目指した。サガダはルブアガンからバギオへ向かう途中に位置する小さな街である。

サガダがあるマウンテン・プロヴィンス州も、世界遺産に登録されているイフガオ州のバナウェ周辺の棚田と同様に、コルディリェーラ山脈の山あいにある谷の景色が美しいことで旅行者にはよく知られている。

とりわけサガダには「ハンギング・コフィン」と呼ばれる死者が埋葬された棺桶が洞窟に収められており、珍しい習俗のために観光名所となっている。バナウェの棚田と並び、欧米人のバックパッカーには人気があった。ハンギング・コフィンはキリスト教がこの地に入る以前の山岳民族の風習の名残である。

私がサガダを訪れようと思ったのは、共同墓地に日本人移民の墓があるらしいという情報を入

手していたからだ。日系二世に関する情報がなかなか集まらないなか、ともかく移民に関係する場所ならどこへでも足を運んでみるしかなかった。

郊外の共同墓地に着いてみると意外なほど広い。墓標が散在しているので果たして見つかるものだろうかと一瞬不安になったが、ぐるりと周囲を見渡してみるとひとつだけ毛色の変わった墓標が目に留まった。

なんとなく日本の墓に似ているような気がする。近づいてみて私は思わず「あっ」と声を上げた。墓石に「大日本」という漢字が刻まれていたからだ。

どぎまぎしながら墓標に駆け寄って調べてみる。「大日本」という文字の上に刻まれた文様は菊の御紋に見えなくもない。側面にも日本語らしい文字が刻まれていたが、長年の風雨にさらされたせいでほとんど消えかかっていた。しかし、英文の太い字ははっきりと読むことができた。

モデシア・アリバ（一九〇四年にバプティスト教会で洗礼を受ける）
ヤマシタ・トクタロウの妻
一九一六年三月十八日午後十一時に没　享年三十六歳

墓の年代からしてそのヤマシタ・トクタロウは日本人移民であり、それもおそらくベンゲット道路建設に関わっていたのではないかと推測される。妻の墓があるのならトクタロウの墓も近くにあるのではないかと思い探してみるが、見つからなかった。

サガダへ戻り、そこでたまたま知り合った乗り合いタクシーのジプニーの運転手と話していたら、そのヤマシタ・トクタロウという日本人移民の子孫ならこの近くで暮らしているよ、と当たり前のように答えるではないか。サガダは小さな街なので、住民はだいたい互いの顔を知っているのだという。

はやる気持ちを抑えながら、翌朝さっそく教えられた家を訪ねてみた。メインストリートから斜面を上がる砂利道があり、そのあたりにはトタン屋根を葺いた簡素な家が密集していた。その一角に木造の平屋建てがあり、うまい具合にヘンリー・コンソレーションさんが在宅していた。ヘンリーさんは日本からはるばるやってきた私の来訪に顔をほころばせ、部屋へ招き入れてくれた。しかし、どういうわけかヘンリーさんと一緒に現れた娘のグレースさんは表情をこわばらせたままで、何かに怯えているような感じを受けた。最初は外国人に慣れていないからかなと思ったが、ヘンリーさんと話をするうちそれにはちゃんとした理由があることがわかった。

ヘンリーさんは、墓標に刻まれていたヤマシタ・トクタロウの三男として一九二三（大正十二）年に生まれた。四男五女の九人兄弟である。トクタロウは福岡県の糸島半島の出身で、私が想像したとおりベンゲット道路建設の工夫としてフィリピンへやってきたという。

道路建設が終了すると、得意の大工仕事や石工としての腕を活かし、キアンガンで教会や役所の建設に携わっていた。その後、サガダに初めての教会（プロテスタントの米国聖公会）を建設する計画が浮上した際、トクタロウの腕を聞きおよんだ司祭に請われて移り住んできたのである。

同じ時期にベンゲット道路建設に従事していたもうひとりの日本人移民ヨシカワ・マサタロウ

も一緒だった。マサタロウの末裔もまたこのサガダで健在だという。

「戦時中に教会は爆撃を受けて損壊してしまいましたが、基礎の石壁の部分はびくともしなかったので、そのまま利用して再建したのですよ」

ヘンリーさんは父親の仕事ぶりを誇らしげに説明した。その後、教会を見に行ったが、たしかに建物が接地している石組みの部分はいかにも頑丈そうだった。施工主であるアメリカ人の教会関係者はトクタロウの腕を高く評価していたようで、当時としては破格の待遇を受けていた。そして、サガダ周辺の村々に教会を建てる仕事も多数請け負ったという。

ところで私が共同墓地で見つけた墓標は、ヘンリーさんの母親のものではなかった。なぜならヘンリーさんの母親ルシア・コンソレーションさんとトクタロウは一九一七（大正六）年に結婚しているからだ。おそらくその前年に亡くなったモデシアさんという女性は、トクタロウの前妻だったのだろう。トクタロウは太平洋戦争が始まる以前の一九三八（昭和十三）年に病死している。

日本がフィリピンを占領したとき、ヘンリーさんは十八歳だった。

「戦争が始まって間もなく、日本軍の兵隊がサガダにも入ってきて駐屯していました。でも、私は怖くて近づきませんでした。知り合いが何人かスパイの嫌疑をかけられて殺されたからです。一度だけその現場を直接目にしたことがあるんです。腰の曲がった老婆が懇願しているのにおかまいなく兵隊は銃剣を突き刺しました。あんなひどい光景は後にも先にも見たことがありません」

サガダがアメリカ軍によって解放された一九四五（昭和二十）年の四月ごろにヘンリーさんは

捕虜となる。最初はマニラのモンテンルパ収容所へ送られた後、マニラの南方五十キロの場所にあるカンルバン捕虜収容所へ連行された。

「大きなテントに十六のベッドが並べられておりまして、そこには八カ月ほど収容されていました。とにかく驚いたのが食料の豊富さでしたね。肉にバターにチーズ。戦時中はまったく口に入らなかったものばかりです。それを好きなだけ食べていいと言われたのですから」

日本が戦争で負けたのは当たり前だと、そのとき痛感したという。収容所ではなんとアイスクリームまで出してくれたという。サガダに駐屯している日本兵は常に街中を徘徊して食べものを探していた。そして、一般の市民も口に入るのはサツマイモとせいぜい干魚ぐらいのものだった。

私とヘンリーさんが打ち解けて話をするのをじっとそばで聞いていた末娘のグレースさんがようやく重い口を開いた。以前にマニラから来た日本人だという男に「あなたの戸籍を調べて、日本のパスポートをつくれるようにしてあげましょう」と甘い言葉で誘われ、かなりの金額を騙し取られた経験があったのだという。だから、私のことを同類の輩だと思って警戒していたのである。

「カレッジに通っていたころの話です。受講を登録するためにある教授に書類を提出し

墓標の下部には「大日本」という文字が刻まれてあった

たところ、その教授の表情が急に険しくなって、受理できないと突き返されたことがありました。なぜなのか問うと、あなたがた日本人は私の両親を殺害したからだと吐き捨てるように言われました」

また別の教授との間にはこんなこともあったという。どうも自分のことがひどく避けられているような気がしたので、友人についてきてもらい、その理由を質した。するとその教授はひどくオドオドしながら、「あなたはあのヤマシタの子孫なのだろう?」と答えたそうである。

「あのヤマシタ」というのは、フィリピンにおける日本軍の最高責任者であった山下奉文・第十四方面軍総司令官のことである。

今となっては笑い話のようなことだが、当時のグレースさんは自分の苗字がフィリピン人を苦しめた日本軍の大将と同じということで、相当悩んだという。

グレースさんは結婚して、夫のヘルマンという苗字を名乗っている。だが、同じ三世の兄たちはさんざん悩んだ末に改名し、バカヤンという母方の苗字を使っている。戦後、いかに対日感情が悪かったのかというひとつの証左である。

トクタロウと一緒にサガダへ移り住んだヨシカワ・マサタロウの子孫も健在とのことで、家を教えてもらった。すぐ近所の家を訪ねると、柔和な表情の私より少し年輩の男性が出てきた。日系三世のピーターさんである。二世の母親は昼寝中とのこと。

通された八畳ほどの居間は壁も床も板張りの簡素なつくりで、小さなテーブルと壁際にソファーがひとつ置いてあるだけだった。壁には家族の古い写真が額に入れて飾られており、どういうわけかサウジアラビアのメッカにあるカーヴァ神殿の絵が描かれたペイントもピンで止められていた。ピーターさんは昔サウジアラビアへ出稼ぎに行っていたことがあり、帰国する際に土産に求めたものだという。

余談だが、フィリピンはアジアでも屈指の出稼ぎ大国としてよく知られている。国民の一割が海外へ出稼ぎに行っており、その仕送り額はフィリピン経済のなかで重要な位置を占めるほどだ。

マウンテン・プロヴィンス州サガダに暮らす
ヘンリー・コンソレーション（ヤマシタ）さん

実際に中近東を旅すると、ホテルや商店、空港などで働いている彼らの姿を目にすることも多かった。

かつてアメリカの植民地になったことも影響しているのだろうが、フィリピン人は一般的に大人から子どもまで英語を話せる人が多い。そして、明るくて他人に優しい国民性も相まって、労働力の足りない中東などでは引く手あまたなのである。

ピーターさんがインスタントコーヒーを淹れてくれたので、しばらく雑談する。九十一歳になる母親の日系二世メルシアさんはまだ話もしっかりしているが、このところ昼間も自室でよく横になっているのだという。

十一人兄弟の八番目であるピーターさんが高齢の母親の面倒を見ている。ふだんは知人の畑で農作物の収穫を手伝ったり、母親の調子が良いときにはジプニーを借りてルソン島東海岸のイザベラ州あたりまで行き、魚や野菜を仕入れる仕事をしているのだそうだ。

そうこうしているうちに母親のメルシア・セグワボンさんが起きてきた。ピーターさんに似て柔和な顔立ちが印象的だ。私が日本から来ましたと自己紹介すると、パッと目を輝かせて少女のようにはにかんだ表情になった。一九一八(大正七)年生まれというから、先ほど訪ねたヘンリーさんより五歳年上である。

耳が遠いのでピーターさんに仲介してもらわないと意思疎通ができないが、動作はキビキビしていて九十一歳とはとても思えないほど若々しい。

父親のヨシカワ・マサタロウはフィリピンではロベルトという名を名乗り、トクタロウと同様に大工としてサガダやベサオで教会建設などに携わっていた。妻のカルメン・カリンさんとの間に六男三女をもうけ、メルシアさんは長女にあたる。その後の「アボン」による調査などから、マサタロウは長崎県島原半島の出身だったことがわかっている。

マサタロウは一九三二(昭和七)年に亡くなったが、その話題になるとメルシアさんは涙ぐんで押し黙った。メルシアさんの母親カルメンさんは六男三女を抱えて途方に暮れることになったが、マサタロウと仲が良かった日本人移民であるオクイ・ギイチとその後に再婚した。オクイは製材所を経営する技術者だった。

戦時中の話に移ると、メルシアさんのチャーミングな顔立ちはこわばり、声も震えた。会話もよどみがちになった。一九四三（昭和十八）年ごろに兄のフランシスコがスパイの嫌疑をかけられて、日本兵に狙撃されるという事件があったそうで、メルシアさんは日本軍と聞くと反射的にそのことを思い出してしまうのだという。

先に訪ねたヘンリー・ヤマシタさんが「スパイの嫌疑をかけられるのが怖くて日本兵には絶対に近寄らなかった」と証言していたが、その話ともぴったり重なり合う。

兄のフランシスコはしばらく寝たきり状態のままだったが、二年後に死亡した。そのころには面倒を見てくれていた再婚の父親オクイはすでに鬼籍に入っていた。すでに日本軍の敗走が始まっており、メルシアさん一家は日本人の血を引いていると命が危ないと判断して、着の身着のまま山中へ逃げ込んだ。

「お米も少し持って行きましたが、籾が付いたままだったので、山の中では脱穀する道具がなくてすごく困りましたよ」

メルシアさんが少し笑顔を見せたのは「困りましたよ」とつぶやいたときだけで、終始悲しそうな表情を崩さなかった。山中の逃避行では口に入るのはサツマイモぐらい。それもイモがあればよいほうで、茎と葉を煮て食べたという。

これまで書物などをあたって自分なりに解釈していたのは、日本軍の兵隊は戦争末期にアメリカ軍とフィリピン人武装ゲリラの影に怯えながら敗走を続けていたということであり、フィリピンに在住していた日本人移民とその家族も日本軍と行動を共にしながら逃げ惑っていたというものであった。

ところが、日系二世のメルシアさんとヘンリーさんから聞かせてもらった戦時中の話では、日系人にとって敵はアメリカ軍でもフィリピン人武装ゲリラでもなかった。彼らの命を脅かしていたのは明らかに日本軍の兵隊だった。

精神的に追い詰められた日本兵は疑心暗鬼となり、銃剣の矛先を日系人にも向けたのである。日本人移民がたどってきた歴史などの知識もない日本軍は、おそらく日本語を理解する日系二世を敵のスパイだと思ったのだろう。

メルシアさんの肖像写真を撮影するため、三脚を立てて愛機のハッセルブラッドをセットしていると、彼女は自室へ着替えに戻った。そして、このあたりの山岳民族が着ける伝統衣装を身にまとって現れた。黒を基調に赤と白の細いストライプが入った、美しい絣模様の手織りの布である。額には民族をあらわす女性の飾りである、蛇の脊柱骨を使った装身具「アポン」を巻いていた。

「日本からわざわざ来てくれてありがとう」と名残惜しそうに何度も何度も私の手を握りながら礼を述べるのだった。

現地の民族衣装をまとったメルシア・セグワボン（ヨシカワ）さん

両親と五人の妹を空爆で失った長岡良男さん

バギオに戻った私は、その後、暇を見つけては「アボン」の事務所を訪ねた。最初のうちは「何しに来たのか」という感じだったが、カリンガ州やマウンテン・プロヴィンス州へ単身赴いて二世の方に会ってきたことなどを話すうち、こいつは本気で調べに来たのだなということをわかってもらえたのだろう。エスカルロ会長やスタッフたちとも次第に気心が通じるようになった。

図書室での資料の閲覧も許された。

できるだけ戦前や戦時中の記憶が鮮明な二世の方にお会いして話を聞きたい、という私の図々しいリクエストに対しても、該当すると考えられる何人かをピックアップしてくれた。バギオ周辺地域に限られるものの、ようやく取材の目処が立ってきた。

バギオ郊外にも日本人墓地があると教えられていたので、ジプニーに乗って訪ねてみることにした。共同墓地の一角に「ＨＡＭＡＤＡ」と大書きされた墓標があり、日本人関連の墓はその周辺に固まっていた。

花束がいくつも供えられた小さな墓は、シスター海野のものだった。「生涯の十八年間をフィリピンに捧げる」と墓石には刻まれていた。周囲をきれいに掃き清められた墓を見るだけで、この人が没後二十年以上もたつのに、あつい尊敬の念をもって弔われているのがよくわかった。

大きな鉄格子で囲われた一角があったので覗いてみると、日本人移民とその子孫たちの慰霊堂であった。一九八三（昭和五十八）年になってから建立されたとのことで、壁面にはこのルソンの地で亡くなった人たちの名前と出身地、没年が隙間なく刻印されている。

そこに刻まれた名前をなんとはなしに目で追っていると、ある共通点があることに気づいた。家族ごとに連名になっているのだが、没年が全員「一九四五年」となっている家族がけっこうあるのだ。

戦火に巻き込まれる形で命を落としたのは間違いないと思うが、家族が揃いも揃って同じ年に亡くなるとは、いったいどのような状況を指すのだろうか。それは戦争の実態を知らない私からしてみれば、あまり想像したくないことだった。

実はこのとき、何かの予兆を感じたのだと思うが、私は刻印のうち、「一九四五年」が並ぶ家族の名前をいくつか写真に撮っていた。その中に「長岡理三」と彼の家族の名前も含まれていた。そして、私はその数日後に、長岡理三《りぞう》の子孫に会うことになる。

「アボン」のスタッフが手渡してくれた、戦時中のことをよく覚えている日系二世のリストの中にヨシオ・ナガオカという人の名前があったが、そのときには長岡理三と関係があるとは思っていなかった。

バギオ市に隣接したラ・トリニダッド市トゥマイ地区は、なだらかな丘陵地に位置する緑に囲まれた住宅街だ。電話で教えられたとおりに坂道を下っていくと、ガレージがある建物の前で大きな犬に吠えられた。すぐに家の中から飛び出して犬をなだめてくれた男性がヨシオさんだった。すでに日本国籍を回復しているから、戸籍に記載されているとおり長岡良男さんと呼んだほうがいいだろう。

良男さんは正確な日本語を話した。もしかしたら読者の方は、日本人の子孫ならば皆当然日本語を話せると思っているかもしれない。しかし、実際はそうではない。私はのちにフィリピン全土を歩いてたくさんの日系二世の方を取材したのだが、その中で日本語をある程度話せる人は良男さんを含めて数人しかいなかった。大多数の人たちは、まったくと言ってよいほど日本語を覚えていなかった。

もっとも戦時中は各家庭によっても事情は違っていただろう。両親ともに日本人ならばほぼ日本語オンリーで暮らしていただろうし、母親が現地の人ならばもしかしたらもともと日本語を使っていなかったかもしれない。

しかし、インタビューした人のうち「昔はもっと覚えていたんですよ」と頭をかく人が少なかったことからもわかるように、家庭の中では日本語をちゃんぽんで使っていた人はそれなりにいたことだろう。戦後七十年とひとことで言うのは簡単だ。とはいえ、その七十年という時間が人の一生の中ではいかに重いものか。子どものときに覚えていた言葉など七十年あれば自然消滅してしまうのだ。

だが、強烈な出来事に関する記憶というものは、そうやすやすとは消し去ることはできないものらしい。良男さんは戦時中のあまりにも悲惨な体験を実によく覚えていた。

「空襲が激しくなってきたのは終戦の年の一月か二月ごろですかね。私はそのとき中学生でしたが、母親と妹五人と一緒にバギオを出て疎開を始めました。母におぶわれた一番下の妹はまだ乳飲み子で、私は家族の中で唯一の男でしたから、荷物も持てるだけ持って歩き出しました」

良男さんは逃避行が始まったときの様子をそう振り返った。父親の名前は長岡理三。私が共同墓地で見かけた没年の「一九四五年」が並んでいた場所にあった名前である。理三は福岡県の出身で、最初はマニラの北方にあるヌエバ・エシア州での大工の仕事を見つけて日本から移り住んだらしい。妻のアナスタシア・タヌエコとはそこで出会って結婚し、のちにバギオへ移った。

　戦争が始まると理三は憲兵隊の通訳として勤務することになったため、マニラとバギオの中間地点にあるカバナツアンへ単身赴任した。カバナツアンには日本軍の捕虜収容所がありアメリカ兵らが収容されていたから、もしかしたらそこで勤務していたのかもしれない。やがて戦局が押し迫り、良男さん一家は父親不在の状態で他の日本人家族や日本軍の兵隊らと一緒に、徒歩で北の方角を目指したのである。

「兵隊さんらはどこへ向かっているのか教えてくれないのです。これはつらいものですよ、目的地がわからないのですから、いつまで歩き続けたらよいのかわからない。それが不安でした」

　日中は樹林の陰に息を潜めて、夜間に行軍した。百キロほど離れた見知ったバヨンボンへ入って初めて、のちに「山下道」と呼ばれた抜け道を歩いたことを知った。山下道とは第十四方面軍総司令官の山下奉文の名前からとった道路の名前だ。バギオから北方へ延びているボントック道

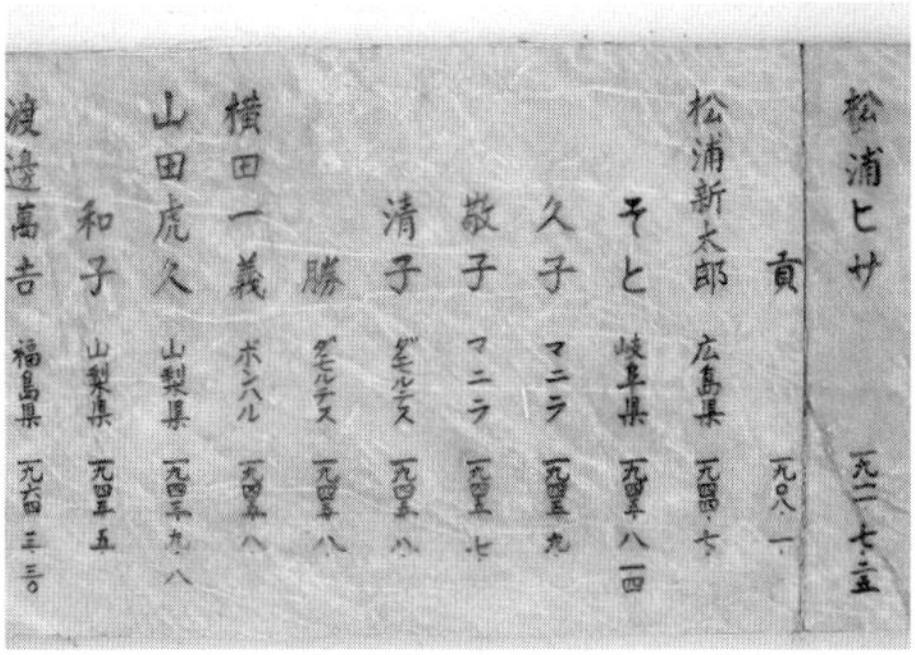

バギオの共同墓地の一角に慰霊堂があり、そこに刻まれた日本人の多くが戦時中、特に終戦の年に亡くなっているのがわかる

の二十一キロ地点を右折して、東方の穀倉地帯であるバヨンボンやソラノへ抜ける街道である。戦時中に日本軍の食料を補給するために建設された。

父親の理三はそのバヨンボンに転勤となっており、家族はそこでしばらく会っていなかった父親と再会を果たすことができ、互いに喜び合った。そして、一緒に逃避行に加わることになったのだから、良男さんは肩の荷が下りたことだと思う。

しかし、喜びは長く続かなかった。

バヨンボンからキアンガンへ至り、さらに山道を歩いて奥へ奥へと逃げている最中に、防空壕の近くでアメリカ軍による爆撃を受けた。良男さんは右脚の付け根に激痛を感じた。見ると砲弾の破片が突き刺さっていた。このときの傷は今でも残っているという。

そして、まわりを見渡すと、父と妹四人が爆撃で吹き飛ばされ即死状態だった。赤ん坊を抱いた母親を引きずるようにしてジャングルの中に潜み、夜陰にまぎれて山の奥へと逃げ続けた。だが、母親はあまりのショックのために動けなくなり、数日後には静かに息を引き取った。

「一番下の妹はハナコというのですが、まだ生後八カ月でした。どこだかもわからない山奥で私とふたりきりで残されてしまったのです。乳飲み子だから本当に困りましたよ、それは。乳をどこで手に入れたらよいのか……」

良男さんはそこまで話すと、人目をはばからず大粒の涙を流して嗚咽した。インタビューしている私は、想像を絶するような凄惨な話に、どう相槌を打ってよいものかわからないほどだった。

「山岳民の畑を探して、親指ほどの太さのサトウキビを取ってきました。それを石で叩いて絞

米軍の空襲により目の前で一瞬にして失った家族の写真を手にした長岡良男さん

り出した汁を妹の口に含ませるのが、私にできる唯一のことでした」
妹も数日後には息をしなくなり、良男さんは棒切れで山中に穴を掘って葬った。いったいどこだかわからない山奥に、良男さんはたったひとりで取り残されてしまったのである。十四歳だった。

「家族のことは七十年たった今でも毎日思い出しますよ。いったい夢にも何万回出てきたことか。そのたびに申し訳ない、申し訳ないと許しを乞う私がいるんです。父や妹たちを埋葬もせずに、そのまま放って逃げてしまった自分を許せないのです」

言葉を絞るように吐き出すと、良男さんはハンカチで目を押さえたまましばらく離すことができなかった。私は慰めの言葉ひとつかけることができなかった。

いったい良男さんは戦後、何を信じ、何を支えに生きてきたのだろうか。

ひとりになってから、良男さんはいったいどこをどのように、どのくらい長い間さまよい続けていたのかまったく記憶はないという。

放棄された山岳民の畑でサツマイモがないか探していると、フィリピン人武装ゲリラが数人現れた。良男さんは瞬間、殺されると思った。

しかし、咄嗟の機転で現地語を使って、自分は山岳民族出身なのだが戦争の混乱で家を失くし、家族を探しているところだと嘘をついた。正体を見破られることがなかったのは、必死の演技のおかげであり、また自分の身なりがあまりにもみすぼらしかったからかもしれないという。

身体中が疥癬に巣食われており、痒くて掻きむしった跡からは膿が流れ出す。衣服は黒ずみ、固まった膿がはがれる際にバリバリと音がしたという。良男さんのことをフィリピン人だと信じたゲリラの男たちは、親切にバヨンボンの病院へ連れていってくれた。

戦争が終わったことを知らされたのは、病院のベッドの上だった。

「退院してからはバギオへ戻って、それこそ仕事ならなんでもやりました。とにかく毎日必死でしたよ。靴磨き、大工の手伝い、ホテルのボーイ……」

長岡良男という日本名は捨てて、ジャニー・ダビッドと名乗った。日本語もいっさい話さなかった。家族を失って天涯孤独になった少年にとって、背負っている「日本」をすべて否定しないことには、とうてい生きてゆくことはできなかったのである。

ジプニーの運転手をしていた三十歳のとき、お客として乗せた女性を見初めて結婚した。妻となったエステル・マイローナさんは、そのときデパートの店員をしていたという。

「この人は自分が日本人の血を引いていることを、結婚するときも隠したままだったのですよ」

インタビューに同席していたエステルさんは、いたずらっぽく笑った。良男さんが妻に自分の出自について打ち明けたのは、結婚して十年以上たってからのことである。それまでは遠い昔に先祖が中国から来たらしいと適当にごまかしていた。

そのきっかけとなったのが、実兄が三十一年ぶりに日本から連絡をよこすという長岡家にとってセンセーショナルな大事件があったからだ。実は良男さんには妹だけでなく、兄がふたりいたのである。良男さんは三男にあたる。

次男の幸雄さんは、バギオの家を守るために逃避行には加わらなかった。しかし、戦時中の混乱で行方不明となり、現在でも消息はわかっていない。長男の義美さんは戦争が始まる直前に、勉強を続けるためにひとりで日本へ帰国していた。そして、義美さんは戦後、フィリピンにいる家族の消息をずっと追っていたのである。

「それまで自分はジャニー・ダビッドという名前でフィリピン人として生きてきました。でも、兄から手紙が届いて以来、自分の中の長岡良男が日に日に大きく膨らんでいったのです」

自分も兄のように本来の日本人として生きたい。それは良男さんの中に流れる血の自然な叫びだったのかもしれない。ほどなくして義美さんがフィリピンへ来ることになり、兄弟が再会することができたのである。

「空港で会ったとき、兄がびっくりしたんですよ。何がって？　私がひとことも日本語をしゃべれなくなってしまっていたことですよ」

十四歳まで使っていた日本語を、良男さんはすっかり忘れてしまっていた。だから、そのとき兄弟は英語で会話したのだという。その後、良男さんは日本語の勉強を再開した。基礎はもうできているから上達は早かった。私がお会いしたときは、まったくのネイティブな日本語だった。

一九九三（平成五）年に良男さんは日本国籍の回復を申請し、名前をジャニー・ダビッドから正式に長岡良男に戻した。良男さんの名前は他の兄弟と共に父親の戸籍に記載されていたため、良男さんの国籍回復はスムーズに行われた。

現在では二男二女に恵まれて、三世である子どもたちは全員が日本で暮らしている。移民の受け入れを事実上閉ざしている日本という国で、三世たちが問題なく日本で定住し暮らしていけるのは、良男さんが日本国籍を回復できたおかげである。

しかし、良男さんは日本国籍を回復した後も、間違いなくフィリピンのことも愛している。戦後の混乱をくぐり抜けてこれまで生きてこられたのは、まわりで支えてくれたフィリピン人たちのおかげであり、もうひとつの名前ジャニー・ダビッドがあったからだと考えているに違いない。

なぜ私にそんなことが言えるのかというと、別れ際に見せていただいた良男さんの日本のパスポートには次のように名前が記載されていたからだ。

NAGAOKA (DAVID)
YOSHIO (JUAN)

日本国籍を回復した長岡良男だが、フィリピン人ジャニー・ダビッドとしての心も同時に持つ

5章　たった一枚の紙切れが左右した日系二世の人生

長崎出身のトライチのふたりの娘

映画監督の今泉光司さんから「バギオでぜひ会ったらいい」と言われていた姉妹がいる。その姉妹、姉のニニータ・アガトンさんと妹のフローラ・カルシーさんについては2章で触れた。

フローラさんは現在、バギオの郊外に暮らしているとのことでタクシーに乗って訪ねた。一九四三（昭和十八）年生まれで、日本人の父親は戦争末期に「日本へ帰る」と家族に言い残して去ったそうだ。まだ幼かったフローラさんには父親の記憶はまったくない。

その後、「アボン」の調査により、父親は長崎出身のシゲトミ・トライチであることが判明したが、一九五五（昭和三十）年に日本ですでに死亡していた。

「日本にも奥さんと子どもがいたそうよ」

フローラさんはわざとおどけた調子でそう言って笑ったが、表情はどこか寂しげに見えた。姉のニニータさんの他に上にふたりの兄がいた。ひとりは炭鉱作業員として石盤の切削中に落盤事故に遭い、帰らぬ人になっている。

トライチは四人の子どもたちにそれぞれシゲルやオタマという日本名を付けていた。フローラさんはトミと呼ばれていたらしい。ただ物心ついたときにはすでに父親はいなかったため、誰かにトミと呼ばれた記憶はなく、戦後は母方の名を使って暮らした。

短い間だが小学校に通っていた時期があり、そのときは先生からも「おまえの父さんは日本人だろ」と皆の前で名指しされていじめられたという。

姉のニニータさんは娘夫婦とカパンガンという小さな村で暮らしているというので、訪れてみることにした。フローラさんより五歳年上だとのことなので、もしかしたら父親トライチについての記憶も何かあるかもしれない。

フィリピンでは乗り合いのジプニーが庶民にとっての重要な足となっている

バギオのバスターミナルから一日に一便の乗り合いジプニーが出ている。今回のカパンガン行きには、当時大分のテレビ番組制作会社に勤務していた樋口浩一さんも同行している。私のフィリピン取材に興味を持ってくれて、テレビ局に残留日本人についての番組をつくりたいと掛け合ったという。しかし、色よい返事が得られなかったため、今回は自費でやってきた。

ターミナルで手土産にニワトリを一羽購入。もちろん生きたやつである。売り子のおじさんはぶら下げることができるように、慣れた調子で足を紐でくくってくれた。ジプニーの車掌にニワトリを渡すと、座席の下に押し込んだ。見るとすでに何羽ものニワトリが押し込まれている。

北へ向かう通称ボントック道を料金所手前で左折すると、道路は未舗装のぬかるみになった。途中の集落に寄り道しながら、荷物を積んだり下ろしたりしながら走る。長距離を走るジプニーは人間を運ぶというより、むしろ荷物運搬が主な仕事といってもよいかもしれない。

バギオへ来る直前、樋口さんはマニラで強盗に襲われかけ、しばらくそのショックを隠し切れない様子だったが、山あいに生きる人々のゆったりした暮らしぶりを見るにつけ、ようやくいつものほんわかした表情が戻ってきていた。

三時間ほどでカパンガンに到着。乗り合いジプニーのよいところは、運転手が知っていさえすれば、目的地の家の前で降ろしてくれることだ。ニニータさんの家は道路沿いの木造家屋で、斜面を利用して建てているため、入り口が一階となっており、階段の下に地下一階があった。娘の家族と同居しているという。

手土産のニワトリを渡すと、「イゴロット・スタイルのピリピカンにしてあげましょう」とニニータさんが言った。妹のフローラさんの息子であるジョセフさんが向かいの家に暮らしており、彼がその料理をしてくれることになった。

ルソン島北部の山岳民族はイゴロットと称されているのだが、鶏肉の一番おいしい食べ方はピリピカンに限るのだという。見ていると、生きたニワトリを押さえつけて、羽の付け根あたりを棒で叩き始めた。じんわりと鬱血するまでそれを繰り返す。次に首根っこを棒で叩く。ぐったりしたところを逆さまにして、頭をガツンと一撃すると動かなくなった。

実は、私は日本の自宅で卵を採るためにニワトリを飼っており、半ばペットのような感じでかわいがっているので、この一連の作業を直視するのはけっこう応えた。ジョセフさんによると、このように下ごしらえしたほうが断然、肉がうまくなるのだという。

絶命したニワトリは炭火の上で丸のままじっくり炙っていく。最初は羽の焦げる嫌な匂いが漂うが、やがてこんがりしたキツネ色に焼き上がる。

これを包丁で解体した後、内臓と骨付きの肉の部分は塩茹でにしてスープにする。肉は刻んで、つぶした唐辛子を入れた醬油につけて食べるのである。山岳地帯では日本の米とよく似た粘り気のあるジャポニカ米が育てられており、炊くときにひとつかみの黒米を入れる。こうすると赤飯のような薄いピンク色にご飯が染まり、少し野趣のある香りも立ってうまい。ピリピカンの鶏肉とご飯がよく合う。つい先ほどまで残酷だと思っていた自分が恥ずかしくなるほど、鶏肉がうまい。現金なものである。

ニニータさんはここカパンガンではなく、バギオ郊外のロクバンで生まれた。妹フローラさんのご主人がカパンガンの出身で、この家の近くに暮らしていたため、結婚後に移り住んだ。一九三八（昭和十三）年生まれだから、敗戦時には七歳だった。父トライチのことはかろうじて覚えている。

「しばらく姿を見せていなかった父が軍隊の服を着た人たちと一緒に帰ってきて、母と何事か話していました。母は涙をぼろぼろこぼして泣いていました。お父さんは日本へ戻るのよ、と母が私に説明してくれましたが、まだほんの子どもだったから意味がわからなかったですねえ。しばらくしたら父はまた家に帰ってくるものだと思っていました」

物心がついたときに母親が話してくれたのは、トライチは年を取りすぎているために日本へ戻らねばならないのだ、と帰国の理由を語ったそうだ。しかし、母親もなぜ年を取ったら故郷に戻らなければならないのか、まったく腑に落ちなかったという。

戦後ずいぶんと月日がたってから判明したのは、トライチは一八七八（明治十一）年に長崎で生を受けたというから、終戦間近の時期を考えると六十歳を超えていたことになる。

旧厚生省引揚援護局の記録では、一九四四（昭和十九）年五月には、海外に居住する邦人の徴兵猶予措置が撤廃され、軍人・軍属として徴用されることになった。ただし当時の兵役法では徴兵は満四十五歳以下となっていたため、それ以上の年齢の人は依然として徴用は免れていた。トライチの年齢を考えると、兵隊としてはお役御免だった。

八月になると大本営は、フィリピンから一般在留邦人を撤退させることを決定した。十二月にかけて約九千百人の日本人が引き揚げ船で帰国の途についたという記録が残っている。おそらく乗船したのは婦女子と老人だったのだろう。トライチは、もしかしたらこの時期に日本へ帰国したのかもしれない。

この引き揚げ船による帰国事業はわずか五カ月ほどで中止となった。十二月に出航した「鴨《おう》緑《りょく》丸」がマニラ湾で敵機の砲撃を受けたため、在留邦人の帰国は以降中止となり、日本軍司令部と共にルソン島北部の山岳地帯へと敗走の途につくことになったのである。

ニニータさんには父親の面影の記憶はなく、また日本語もまったくといってよいほど覚えてい

山あいの村であるカパンガンに暮らすニニータさん一家

ない。あるひとつの強烈なフレーズを除いては。

「バッキャロー、こいつもゲリラか!」

強い口調でそう口走ると、ニニータさんはケラケラと大笑いした。「こんにちは」とか「おとうさん」という言葉が出てくるものとばかり思っていた私は、その汚らしい言葉を聞いて唖然としてしまった。私と樋口さんの間の抜けたような表情がおかしかったのか、ニニータさんは「バッキャロー、こいつもゲリラか!」と繰り返した。

彼女は駐屯していた日本兵のひとりが草むらで用を足すのを見ていた。その日本兵は尻をふくために手近に生えている葉っぱを使ったとき、思わずこのフレーズを叫んだのだそうだ。葉っぱの表面にはびっしりと小さな棘が生えていた。ゲリラという言葉がとっさに口に出るほど、日本兵たちはフィリピン人ゲリラの存在におびえていたのだろう。

ニニータさんは戦後の一九四七(昭和二十二)年になってから小学校へ入学した。九歳だった。母親のほうの名前を使用していたが、まわりの人は彼女が日本人の二世であることを知っていたと見え、級友から石を投げられたり髪の毛を引っ張られたりしていじめられたという。

「大事にしていたドレスをハサミで切られたこともあったわ。でも、そのときは腹が立って、仕返しに腕に噛みついてやったの。そしたら先生に叱られて……」

結局、小学校は五年ほど通って辞めた。そして、農業をしていた母親を手伝って、イチゴなどをつくったという。結婚したのは三十五歳のときで、相手は金の採掘をしていた労働者。バギオの市場へ金を売りに来ていたときに知り合った。

私は父トライチの素性をもっと知りたいと思ったが、ニニータさんは子どものときに別れており、また母親も戦後早々に亡くなったため、フィリピンでどのような仕事に就いていたのか等はまったくわからなかった。

比日ルソン友交基金から入手した日本人移民および日系二世のリストを調べると、「シゲトミ」という苗字はたしかにあった。妻の名前は「キファナイ」となっており、これもニニータさんから聞き取った話と符合している。しかし、そのリストに載っている名前は、トライチではなく「クニオ」となっていた。

トライチが単なるニックネームだったのか、それとも偽名だったのか。ニニータさんもフローラさんも自分たちの出生に関する書類はおろか、父につながる情報が掲載されているものは何も残っていないため、それを確かめる術がないのが現実である。

「死ぬ前に一度でいいから、父が生まれた長崎というところへ行って墓参りするのが夢なの」

乗り合いジプニーでバギオへ出てくるのが精一杯の彼女にとって、それはあまりにもはかない夢なのかもしれなかった。

四十一歳年上の中国人と結婚

バギオの目抜き通りはセッション・ロードと呼ばれ、おしゃれなブティックやカフェ、レストランなどがあるため昼夜を問わず賑わいを見せている。この通りの裏側にある路地の一角に、ファニータ・ビジャヌエバさんが経営する靴工場がある。狭い入り口を通り抜けた薄暗い工場の内部では五、六名の職人が木槌やヘラを使って革靴を製作しているのが見えた。

「せっかく来ていただいたのに、戦争中のことは何も覚えていないんですよ」

ファニータさんは、そう謙遜しながら入り口に近い明るい場所に年代物の木の椅子を移動させ、私に勧めた。とても若々しく見えるのは、この靴工場の経営者であるということも大きいのだろう。

日本の敗戦の前年に生まれた彼女には、当然ながら父親の記憶はいっさいない。母親のアトンビさんから、父親の名前はシゲトミといい、バギオに隣接するトリニダッドに農園を持っていたということだけは聞いている。母親はその農園に雇われて料理をしていた関係で、シゲトミと知り合い結婚した。

結婚式は教会ではなく、山岳民族の伝統的な儀式に則ったものだったという。山岳民族も一般のフィリピン人と同じくほとんどの人がキリスト教徒であるが、結婚式や葬式は伝統的な儀式により執り行うことが多い。私はまだ山岳民族の結婚式は見たことがないが、葬式に参列したときにはキリスト教会式にミサが行われた後、豚が一頭殺されて、その内臓を使って占いが実施されたのには驚いた。

こうした伝統的な形式で執り行われる結婚式では公的な書面を作成しないため、後になって第三者が証明することができないという難点を抱えている。ファニータさんの場合も、母親が結婚した際の公的な書類が何も残っていない。よって、シゲトミという苗字を覚えているだけで、生年月日や生誕地はおろか正確な名前さえも判別することができないのである。

先述のニニータさん、フローラさん姉妹の父親と同じ「シゲトミ」という姓なので、私は最初、同一人物かと思って調べた。だが、姓が同じなのは偶然であるようだった。

ファニータさんが五歳のころに母親は再婚した。その事実から、父親のシゲトミは戦中から戦後直後あたりの時期にいなくなったことがわかる。しかし、それがいつごろなのか、日本へ帰ったのかなど具体的なことは何もわかっていない。母親は再婚したということもあるのだろうが、行方がわからなくなった前夫のシゲトミについて、ファニータさんに話して聞かせたことはなかったという。

バギオの目抜き通りにある小さな工場兼店舗で靴製造業を営むファニータ・ビジャヌエバ（シゲトミ）さん

「父親のシゲトミとの間に生まれたのは私ひとりでしたが、母親は再婚した相手、つまり義理の父との間には六人の子どもをもうけました。ええ、私の弟、妹になります。母は農園に通って仕事していましたから、子守はずっと私の仕事でした」

ファニータさんは次々に生まれてくる弟や妹の面倒を見るのに忙しく、また生まれつき右脚に障害があって遠距離を歩くことができないため、これまで学校に通ったことは一度もない。

「七歳ぐらいのときだったと思います。近所に住む高校生の女の子にいきなり棒切れで殴られました。この日本人が、と叫びながら」

そのときはなぜ殴られたのか、まったくわからなかったが、十歳ぐらいになってからその高校生の親族が戦時中に日本兵に殺害されたことを知った。でも、日本人である父親の顔も知らないのに、自分が日本人の血を引いていると言われても、全然実感はなかったという。

ファニータさんは、子守をしながら収穫の終わった田んぼへ出かけていき、稲藁を編んで筵などをつくり、それを市場で換金した。そのお金を貯めて自分の衣類を購入するなどした。そうした生活は十五歳まで続いた。

母親の実家がカパンガンだったのでそこに身を寄せていたが、十五歳のときにひとりでバギオに出て、中国人の家に住み込んでベビーシッターをした。その後、皿洗いや調理人、家政婦などとして十軒ぐらい転々としながら働いた。

「何度も自殺しようと考えました。タダ働き同然の生活が苦しかったこともありますが、人間扱いされず、他人にはとても言えないような本当に嫌なことがたくさんあったんです」

その後、現在彼女が経営するこの靴工場で働いているとき、オーナーの中国人に見初められて結婚した。二十一歳のときである。相手の中国人はそのとき六十二歳。年齢は四十一歳離れていた。

「もちろん財産目当てに決まっているわ」

住み込み時代のつらい境遇を思い出して目に涙をためていた彼女は、このときばかりは一転して朗らかな表情になって笑い飛ばした。

結婚した当初は相手のことは好きでもなんでもなかったが、一緒に暮らすうちにやがて情が移っていったという。その中国人の夫は二年後に亡くなった。

夫にはそれなりの資産があったのだが、全部中国へ持っていかれてしまったという。つまり夫は中国に正式な家庭を持っていたのである。

「でも、なんとかこの靴工場だけは手に入れることができました」

生きていくのに必死だったファニータさんにはそれまで自分の出自について深く考える余裕はなかった。だが、その後に再婚して子どもが生まれたとき、初めて父親のことを意識するようになった。

「自分にはこうして血のつながった愛しい存在の子どもがいる。でも、同じように自分には血のつながった父親がいるはずなのに、どこの誰だかもわからない。自分のルーツはどこにあるのだろう？　子どもが成長する姿を見ているうちに、自分の心に大きな空洞があることに気づいたんです」

ちょうどそのころ、シスター海野が日系二世の身元調査を開始したと聞き、いても立ってもいられない気持になり比日ルソン友交基金に連絡をとった。二〇一〇（平成二十二）年には次の章で述べるＮＰＯ法人「フィリピン日系人リーガルサポートセンター」の活動の一環として日本へ行き、身元確認調査に加わったが、結局自分の出自につながるような情報を得ることはできなかった。

バギオの往時の繁栄と戦争の混乱を知る古屋英之助さん

横浜にある古屋英之助さんの自宅マンションを訪ねたのは二〇一五（平成二十七）年九月、夕刻になってもまだ残暑が厳しい日のことだった。古屋さんは長年、コマーシャルなどの商業写真を仕事にされてきた方で、写真家という意味では私の大先輩にあたる。

古屋さんの父親である古屋正之助はもともと画家志望で、芸術の都パリで活動することを考えていたが、家族の反対にあって断念。しかし、海外雄飛の夢を捨てきれず、つてを頼ってフィリピンへやってきた。十八歳、一九一五（大正四）年のときである。

正之助は最初、マニラにある日本人経営の写真館、サン・スタジオに勤務しながら、フィリピン大学でファイン・アートの講座に通って勉強した。この間、若いということもあるのだろう、英語とタガログ語の会話には不自由しないまでになったという。

一九二一（大正十）年になると、バギオを初期に開拓した日本人のひとりである早川秀雄の息子、豊平の仲介で正之助はバギオに移ることになる。早川秀雄が目抜き通りのセッション・ロードで構えていた総合商店「ジャパニーズ・バザール」の一角に写真館パイン・スタジオを開設するため、その責任者として呼ばれたのである。

パイン・スタジオには淑女たちがドレスアップするための貸衣装の膨大なストックの他、人物撮影の際の背景となるバギオの風光明媚な風景やヨーロッパのノスタルジックな光景などさまざまなシーンを常備しており、当時のアジアの写真館としてはトップクラスの設備を誇ったといわれている。

ここで撮影技術の腕を磨いた正之助は一九三四（昭和九）年に独立し、バギオの南にあるバラトック鉱山に拠点を移し、ゴールデン・ライト・スタジオをオープンした。彼は写真館を経営する傍ら、北部ルソンの山岳地帯に暮らす少数民族の文化や歴史に興味を持ち、たびたびそういった地域を訪れ、記録を残した。在野の研究者でもあったのである。

英語とタガログ語に不自由しなかったこともあるのだろう、写真館を経営するうち数多くの上流階級の人々と知己を得ている。今と違って当時は写真館に来て正装して家族写真を撮る人というのは、ある程度生活に余裕のある人たちに限られていた。その中でもとりわけエミリオ・アギラルドとは家族ぐるみで付き合う親しい仲であった。

エミリオ・アギラルドは植民者スペインに対して革命戦争を指揮し、その後一八九九（明治三十二）年から一九〇一（明治三十四）年にかけて短期間ながらフィリピンが独立した際の初代大統領を務めた人物である。正之助とふたりで写った写真も現存している。

父の正之助が独立した前年の一九三三（昭和八）年に古屋さんは生まれた。日系二世らしくフィリピン名をルディーといったが、母親はフィリピンの人ではなく日本人である。母の英子は正之助と同じく山梨県の出身で、南アルプスの麓で育ったということもあり、スキーの腕前もなかなかの活発な女性だった。外国で暮らしてみたいという願望を抱いており、正之助とは見合い結婚を経てフィリピンへやってきた。

「とにかくしっかりした女性で、私たちが戦乱の中を生き抜いて、無事に日本へ帰りつくことができたのは、ひとえにあの母親あってのことでした」

私がインタビューしている間に、古屋さんは繰り返しそう述懐した。心から感謝しているようだった。その理由はあとで詳しく述べたいと思う。

古屋さんのフィリピン名ルディーは「ルドルフ」の略称で、これは前述したエミリオ・アギナルド初代大統領から直々に贈られた名前だ。家族ぐるみでそのような上流階級との付き合いがあったことから見てもわかるように、古屋さんは何不自由ない子ども時代を送った。

バギオには一九二四（大正十三）年に開校した日本人学校があり、古屋さんも太平洋戦争が始まる前年に入学した。約二百人が在籍していた生徒の多くは日系二世で、母親が古屋さんのように日本人のこともあれば、フィリピン人のケースもあった。そのころになるとバギオの目抜き通りセッション・ロードにはたくさんの商店が並び、両親がそれらの店で働いている人も少なくなかったという。

街では主流をなしていた日本人の他に、中国人やフィリピン人、インド人、そしてアメリカ人やスペイン人、イタリア人たちが暮らしており、とてもコスモポリタンな雰囲気を醸し出していた。一九三九（昭和十四）年の時点で日本人の人口は一〇三九人を数えていた。

「みんな中国人のことをマカオさん、インド人のことをムンバイさんと呼んでいましたね」

日本人学校では内地と同様に剣道や書道の授業も行っていたが、特筆すべきは英語のコマ数が格段に多かったことである。英語は一年生から時間割に組まれており、六年生と七年生では週に十五時間もあった。このことからもコスモポリタンな街バギオでは、共通語として英語が使用され、その習得が必須なものだったことがわかる。

一九四一（昭和十六）年十二月八日。ハワイの真珠湾を攻撃した同じ日に、日本軍の戦闘機はバギオのジョン・ヘイ・エアー・ステーション（通称、キャンプ・ジョン・ヘイ）を攻撃した。このためアメリカ軍は、バギオ在住の日本人成人男子を同施設に収容した。キャンプ・ジョン・ヘイは空軍基地で、主に隊員たちの休息やレクリエーションのための施設が建ち並ぶところである。

いつも人通りが絶えない現在のバギオの目抜き通り
セッション・ロード

婦女子らはバギオ日本人学校に集合し、ここで寝泊まりしながらしばらく様子を見ることになった。現地の日本人会はすでに開戦を予想しており、校舎内には大量の食料が備蓄されていたという。

日本軍はその後ほどなくしてフィリピン全土を占領下に置いたため、古屋さんたち在留邦人は解放された。開戦当初こそ日本の天下が続いたが、レイテ島をアメリカ軍が奪還し、フィリピン全土に戦火が広がるにつれ、日本軍は次第に追い詰められていく。一九四五（昭和二十）年に入って早々、アメリカ軍はルソン島に上陸、首都マニラも再びアメリカの手に落ち、日本軍はルソン島北部の山岳地帯へと敗走を続けることになった。

少年だった古屋さんの目にも、日本軍の窮状は明らかだった。

「道路に猫の死骸があったので、弟と棒切れで突いて遊んでいたんです。そこへ通りかかった日本兵が、それをくれというんですよ。どうするのかと思ったら、食べるというではありませんか。いやー、びっくりしましたよ。皇軍であるはずの日本軍の兵隊が、どうして食料に窮乏しているのか、小学生の私にはまったく理解できませんでした」

そのころにはすでに日本人学校は空爆を受けて、校舎は全焼していたため、学校は休みとなっていた。戦況は日増しに悪化していくようだった。四月ごろ、ここバギオも危なくなったということで、在留邦人も避難することになった。日本人会が手配したバスに乗ってボントック道を北上し、いわゆる「山下道」を徒歩で下っていった。前章で記した長岡良男さん一家が通ったルートと同じである。

古屋さんはそのとき十二歳。逃避行は母親の英子さんと五歳下の弟が一緒だった。父親の正之助は、日本軍がフィリピンを占領した直後から軍属として日本の占領政府機関に雇用されていた。バギオでは文化政策を担当する部署にいたらしい。そのため逃避行には同行しなかった。

バギオから抜け道を通ってキアンガンに抜け、そこからさらにアシン川沿いに逃げた。在留邦人はみんなリュックひとつの荷物で、途中山岳民が放棄した住居などで寝泊まりした。アメリカ軍の空爆が連日のようにあったため、昼間は山陰に隠れ、移動するときは夜の帳《とばり》が落ちてから行ったという。

「あちこちに死体が散らばっていて、谷全体に死臭が漂っていました。でも、そんな光景もいつのまにか見慣れてしまうものなんです。それよりもお腹が空いて、空いて。食べ盛りの子どもにはそれが一番つらかった」

マッカーサーが再上陸したレイテ島の海岸には
それを記念する銅像が立てられている

古屋さんがいうには、「飢え」と「空腹」は同義語ではないという。食べものに溢れている現代では想像することもできないが、「空腹」はとにかく胃袋が満たされれば解消される。一方、「飢え」は腹いっぱいになっても生理的なひもじさが持続している異常な状態なのだという。

とにかく食べられるものなら、雑草でも虫でもなんでも口に入れた。とりわけご馳走だったのが、田んぼに棲息しているカワニナという小さな貝である。これを茹でてスープにして飲み、貝は殻をかじって身を食べた。

「あのころ、何度も母親のことを恨めしく思ったものです。母はその日に採ってきた食料のうち、五分の三を自分ひとりで食べてしまうんです。私たち兄弟はその残りをふたりで分けました。あのときは本当に恨めしく思ったんですが、戦後に無事に祖国の土を踏むことができたのは、そういう母がいたおかげでもあるんです」

母親の英子は子どもたちに向かって、「母親が倒れてしまったら、おまえたちは生きてゆけない。いっぽうで子どもを死なせてしまったら、母親は生き甲斐を失ってやっぱり生きてゆけない」と自分に言い聞かせるようによく話していたという。そして、まず自分が生き抜くために、食料の半分以上は自分が食べたのである。

飢えというものから離れた場所にいる私たちの常識でいえば、親は自分が食べるのを我慢してでも子どもに食べものを分け与えるものだろう。しかし、それでは結局、一家が共倒れになってしまうと英子は固く信じていた。一見、残酷なようだが、まず自分が生き抜いてこそ子どもたちも生かすことができる。そうした母親の信念が結果的には正しかったと、古屋さんは今では感謝している。

逃避行の最中、ひとつの奇跡が起きた。なんと父親の正之助と再会することができたのである。正之助はバギオの日本占領政府で勤務していたが、自分の妻子が避難行の最中に死亡したとの噂を耳にしたため、それを確かめるために休暇を願い出て部下と共に捜索に来ていたのである。

私は取材でこのアシン川流域を訪れたことがあるのでよくわかる。山や谷が連続しているこのような場所で家族が偶然再会することは、奇跡としか言いようがない。父親と合流後も、家族四人で山岳民の住居に寝泊まりしながら、いつ終わるとも知れない逃避行は続いた。

毎日のようにアメリカ軍機による空襲はあったが、その日に限って一度も爆撃機の襲来がな

ルソン島北部での逃避行を奇跡的に家族全員で生き延び
日本へ戻ることができた古屋英之助さん

かった。それが数日間続いた。忘れていた川のせせらぎや、木の葉が擦れ合う音、小鳥の鳴き声などをゆっくり聞いたのは本当に久しぶりな気がした。

そのうちまたアメリカ軍機がやってきたが、爆弾の代わりにひらひらと大量の紙切れが舞い降りてきた。それまでもときおりビラは落ちてきていたが、それは日本兵に投降を促すもので、日本兵の写真入りで「私たちはアメリカ軍の捕虜になったが虐待されることはなく、むしろ優遇されている。日本の戦況は悪化するいっぽうなので早く投降したほうがよい」という内容である。

しかし、今回のものは違う。「天皇陛下の命により、皆の待望せる平和が来たり……」という内容だった。ビラには日本が戦争に負けたとはひとことも書かれていなかったが、子ども心にも日本は戦争に負けたんだなと確信した。

それでもしばらくは警戒して息を潜めるように隠れていた。敵の罠かもしれない。あのビラが降ってきて一カ月ほどたったある日、ようやくアメリカ軍に投降しようという話になった。父親はリュックの底に入れていた手榴弾を渓谷の流れに捨てに行った。

アメリカ兵に護衛してもらいながら、何日もかけてキアンガンへ出た。途中にいくらでも転がっている日本兵の死体を見る限り、戦闘によって命を失ったというよりは、明らかに餓死のほうが多かった。

「アメリカ兵はレーションと呼ぶ携帯食料を持っていて、私たちにも分けてくれました。ブレックファースト、ランチ、サパーとちゃんと三種類あるんですね。小さなチーズのかけらをナイフで削って舐めたときには、くらくらと眩暈《めまい》がしたものです。まさに文明社会の味そのもので、弟なんか恍惚とした表情になっていましたから」

古屋さんはこのとき日本の敗戦をはっきりと自覚したという。

キアンガンからはマニラのカンルバン捕虜収容所に護送された。そこでは成人男性と婦女子は分けられて、別々の棟に入った。収容所ではご飯と缶詰を主に出してもらい、子どもたちには脱脂粉乳のミルクを腹いっぱい飲ませてもらった。

十一月になると、母親と子どもたちだけ先に日本へ帰国することになった。マニラ港から武装解除された海軍の船に押し込まれ、広島の宇品《うじな》港へ入港した。広島駅周辺は一面の焼け野原で、それが初めて目にした祖国の風景だった。

山梨県の母方の実家に落ち着いて間もなく、父親も帰国してきた。ところが、ようやく一家四人で再出発という矢先に、戦犯の容疑をかけられて、父親はすぐにマニラへと送り返されることになったのである。正之助は軍属として雇用されていたから、現地のフィリピン人に対しての虐待行為などを疑われたのだろう。

父親の容疑が晴れたのはそれから一年以上たってからのことである。古屋さんの家族は横浜に移り、父親の正之助は得意の語学と写真技術を生かして、進駐軍の兵隊のポートレートを撮影する仕事を始めた。その父親の背中を見て、古屋さんもカメラマンになった。

古屋さんが生まれ故郷のバギオを再び訪ねることになるのは一九八九（平成元）年になってからのこと。実に四十六年ぶりのことだった。それまではフィリピン人の対日感情が悪く、一生涯戻ることはないだろうとあきらめていたという。

私がインタビューのためにお会いしたころ、古屋さんはたびたびバギオを訪れては写真を撮っているのだと言っていた。その写真をまだ目にしたことはないが、おそらく子どものころの記憶の断片を見つけてはシャッターを切っていたのではないかと私は想像している。

ボントックのカメラマンだった父・山根七三郎

戦前はまだ一般的にカメラが普及していなかったため、写真を撮るといえば家族が集まっての肖像写真か、あるいは何か節目の行事があるときの集合写真が普通だった。そのため少し大きな街では必ず写真館があった。

バギオの北約百キロの街道沿いにあるボントックに暮らす日系二世、アリス・ヤマネさんのお宅を訪問すると、ドアを開けて私の顔を認めるなり、「あたしの父もカメラマンだったんですよ」と実にうれしそうに言った。私は比日ルソン友交基金から取材先としてアリスさんを紹介されており、電話でアポをとってこの日に訪れた。その際に電話口で、日本から来たカメラマンですと自己紹介していた。

アリスさんは父親に関する何枚かの書類を用意しておいてくれた。その中でもひときわ目を引いたのが、凝った飾り模様がついた年代物のA4ぐらいの大きさの書類である。

「これ、パスポートなのですよ。昔は手帳ではなくて書類だったようです。これがあったおかげで、私たちはすぐに日系二世であることが認められたのです」

書類のタイトルは、「日本帝国海外旅券」となっている。その下には、所持人氏名として「山根七三郎」の他に、本籍地、戸主、年齢、身長、特徴が墨書きされていた。そして、渡航先として、「比律賓島《フィリピン》」とかろうじて読める。私は、戦前のフィリピンが「比律賓島」と表記されていたことをそのとき初めて知った。

墨書きの文字がかすれてしまっているので、読めない箇所もあるが、本籍地は岡山県御津郡新山村、年齢は「弐拾弐」つまり二十二歳、旅券の発行日は明治四十四（一九一一）年八月であることがわかる。署名には、「外務大臣小村壽太郎」とある。裏面には同様の内容が英文表記されていた。

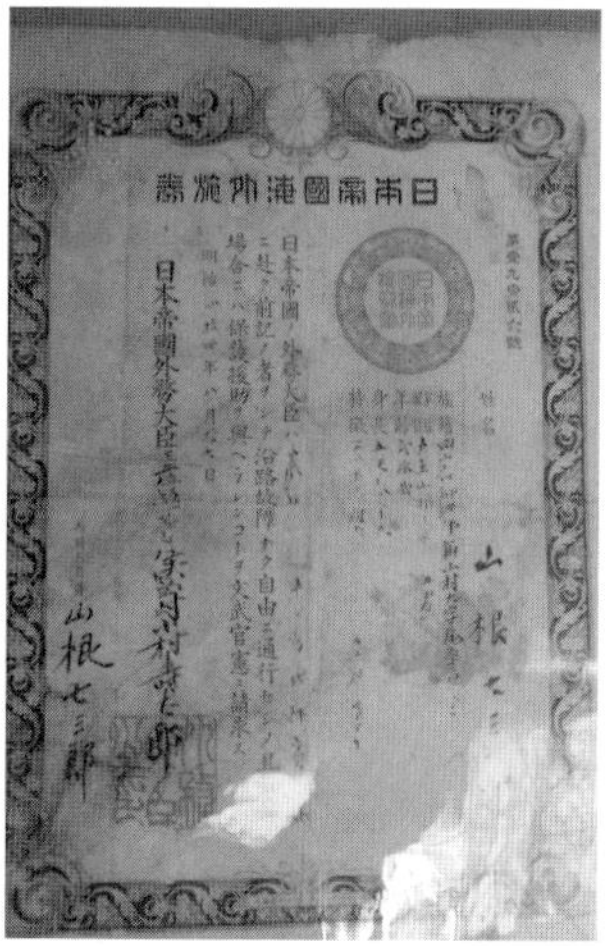

明治44年発行の山根七三郎のパスポート「日本帝国海外旅券」

この他に手札サイズの父親の写真が数葉あった。これらの身元に関わる書類はボントックの家屋に保管されていたという。ボントックもまたアメリカ軍による空爆を受けているから、こうした書類が焼失しなかったのは本当に幸運なことだった。

七三郎は一八八九（明治二十二）年に岡山県で山根家の五男として生まれた。そして、旅券に記載されているように、二十二歳のときにマニラへやってきた。その後、フィリピンでどのような暮らしぶりだったのかについては、まだご健在である七三郎の子どもたち、つまりアリスさんたちによって比較的よく記憶されている。

　アリスさんは一九三五（昭和十）年生まれであり、またこの日同席してくださった兄のショウジさんは一九二六（昭和元）年の生まれ。七三郎が亡くなったのは日本の敗戦の年である一九四五（昭和二十）年であるから、そのときにはアリスさんら兄弟はすでに大きくなっており、父親に関する記憶もかなり明瞭である。

「故郷の家の近所にアメリカ人の商売人がいたそうで、友だち付き合いをしているうちに英語をかなり話せるようになったそうです。ある日、港で船に積み荷をしている外国人と知り合いになり、英語を話せる日本人を雇用したいということになってマニラへ行くことになったと、父が話していたのを覚えています」

　山根家では五人の兄弟のうち、七三郎を含めて三人が海外へ移民している。不況でなかなか仕事に就けなかった時代なので、何かチャンスをつかむことができれば、たとえ外国であったとしても出稼ぎに行ったのだろう。そういう人たちのことを私たちは「移民」と呼んでいるが、実際は「出稼ぎ」という感覚に近かったのではないかと思われる。

「マニラからは最初、バギオの西のラ・ウニオン州に入植したそうです。農業に従事するためでした。その後、バギオに隣接するトリニダッドに移った際に私の母であるパウリナ・ゲイマンと知り合い、一緒にバギオに出てきました」

　ふたりはその後、現在もセッション・ロード沿いに建つバギオ大聖堂で結婚式を挙げた。ジャパニーズ・バザールで職を得て、カメラマンとしてキャンプ・ジョン・ヘイで米兵の肖像写真を

マウンテン・プロヴィンス州のボントックに暮らす
アリス・ヤマネさんと兄ショウジさん

撮るなどしていたという。時代から見て、前述の写真家・古屋正之助がマニラからバギオへ来る前のことだろう。

そして、一九二六（昭和元）年、マウンテン・プロヴィンス州政府がカメラマンを探しているということで採用された七三郎は、州都のボントックへ移ることになる。アリスさんはそこで生まれた。

「ボントックでは街の中心にカトリック教会があって、我が家はそのすぐ近くでした。地方から何か用事で出てきた地元民はたいてい教会の前の道路脇で野宿していました。父はときおりそうした人たちを家の中へ入れて、食事を与えたりしていました。母が、あれがヤマネ流、と話していたのを覚えています」

アリスさんが大事に持っている父・七三郎の肖像写真

戦時中、七三郎はベンゲット州マンカヤンにある三井鉱業が経営するレパント銅山で通訳として就業する。英語や地元民の言語であるイロカノ語に通じていたためである。旧陸軍省は占領地域の資源開発を推進するため、日本鉱業や石原産業、古川鉱業、住友鉱業などの各鉱山会社に鉱山を割り当てて、経営するよう発令した。七三郎が自発的にこうした会社での勤務を望んだのか、あるいは強制されて仕事することになったのかはわからない。

父親不在のなか、母親やアリスさんは西へ数十キロ行ったセルバンテスという街へ果物を仕入れに行き、それをボントックで売って生計に充てた。なかなか悪くない商売だったらしい。しかし、終戦の年の六月、七三郎は病気のために亡くなった。

戦後は母親と兄弟六人が残されることになったが、すでに成人した兄たちがいたこともあり、アリスさんはカレッジに進学して教師になった。ただ現地の反日感情は強かったため、母方のゲイマンという姓を名乗ったという。

ボントックに父・七三郎の身元を証明する海外旅券などの書類が残存していたため、その後アリスさんの子どもたち（一男二女）は日系人として一九九〇年代に日本へ行くことができ、就労することができた。

父親が日本人移民であり、現地で結婚したという状況がたとえ同じであっても、先述のフローラさんやファニータさんが現在に至るも国籍を回復できない現実を見たとき、たった一枚の書類があるかないかでその人の人生を変えてしまう不条理を思わずにはいられなかった。

6章　フィリピン日系人リーガルサポートセンター

まずは父親の戸籍を探すことから

日本人移民が戦前のいつごろに、どのような経緯でフィリピンに渡り、定住していくようになったかについては、すでに述べた。とはいえ、ここで再び整理しておきたい。移民の流れは、大きく分けると次のふたつのルートがある。

ひとつはルソン島北部のベンゲット道路（別名ケノン・ロード）建設の労働者としての移民である。一九〇五（明治三十八）年に道路が完成すると、当然ながら建設の仕事もそれで終了となった。日本へ帰国する者もいたと思うが、かなりの人数がフィリピンに残留し、農業従事者や大工、石工などとして各地に散っていった。

もうひとつはミンダナオ島ダバオにおけるアバカ（マニラ麻）の栽培に付随する形での移民である。世界的なアバカ需要の拡大により空前の好景気に沸いたダバオはその後、満洲国になぞらえて「ダバオ国」と称されるほど日本人移民が押し寄せ、最盛期には約二万人の日系人を数えるまでになった。

ルソン島北部における取材では、バギオにある「アボン」が日本人移民や日系人に対する地道で堅実な支援活動を行っていることもあり、ここを訪ねたことで私は何人かの日系二世の家を訪ねてインタビューすることができた。

ところが、戦前には東南アジア最大の日本人社会を形成していたというダバオには私はまったく知己がなく、それればかりかパナイ島やネグロス島などフィリピン全土に散らばっている島々に暮らす日系二世の所在を突き止めるとなると、もうお手上げだった。

しかし、取材を続けていくうちに、島によっては日系人会が存在することや、東京に本部を置くNPO法人「フィリピン日系人リーガルサポートセンター」（PNLSC）という団体が日系二世の身元確認調査を行っているという話を耳にした。私はコルディリェーラ山脈の棚田群を撮影中に偶然、フィリピンへの日本人移民や残留日本人のことを知ることになった。そして、そこに中国残留孤児と似たような戦後処理の問題が横たわっている事実に取材欲が掻き立てられたものだった。とはいえ、なんのことはない、すでにさまざまな立場の人たちが動き出していたのである。

東京・四谷の雑居ビルの一角にあるPNLSCの事務所を訪ねると、事務局の高野敏子さんと猪俣典弘さんが応対してくれた。ミンダナオ島ダバオで二〇〇三（平成十五）年に「日本人移民百周年記念式典」が開催された際、フィリピンに暮らす日系人の立場を法的に支援する必要性について議論が起こった。それを受けてダバオの「フィリピン日系人会」が要請する形で、同年に河合弘之弁護士らが中心となってPNLSCが設立されたのである。

フィリピンの残留日本人に関する問題は一九八〇年代から徐々に知られるようになり、外務省も九〇年代から数次にわたって調査団を派遣し、実態把握に努めていた。しかし、さらに一歩踏み込んでの日系二世への救済措置となると、いろいろ新たな問題が派生してくることもあるのだろう。ＰＮＬＳＣが日系二世の身元を法的に支えていくことになった。

話が少しそれるが、代表理事である河合弘之さんは、弁護士以外に映画監督としての肩書きも持つユニークな方である。私は大分市内で上映された河合監督作品の映画を観に行ったことがある。テーマは「脱原発」であった。３・１１後の原発政策に関して、日本政府と東京電力により塗り固められた嘘と欺瞞を追及した映画である。映画上映後に講演会もあったのだが、正義感に溢れる熱血漢でありながらユーモアいっぱいの人、というのが私の河合さんに対する印象である。

ＰＮＬＳＣの活動内容は、フィリピン各地で日系人の身元調査を行い、日本人としてのアイデンティティを確認できる証拠や証言を集めることにより、彼らの日本国籍回復を法的にサポートするというものである。

具体的には、日系二世と個別に面接して聞き取り調査を行い、日本からの移民である彼らの父親を特定するための証言を引き出す。あるいは証拠となる書類などを収集する。そして、その調査結果をもとに、日本に残されているはずの父親の戸籍を探索するのである。もし何らかの理由で戸籍を確認することができなければ、本人の新たな戸籍を作成するための「就籍」という法的手続きを行う。

こうして言葉にすると簡単だ。しかし、実際の身元を割り出す調査にはさまざまな困難が待ち受けている。

「面接では戦前の家族の様子や、特に父親についての情報を聞き取ります。たとえば父親とは日本語で会話していたのか、食事のときに箸を使っていたのか、覚えている日本語はあるのか、隣人や友人だった日本人の名前を覚えているか、とか。どんな些細なことでもよいのです。その結果、ああこの人の父親は間違いなく日本人だなと確信できても、それでオーケーとはならないのです」

聞き取り調査の難しい点は、やはり当時から七十年以上もたってしまっているため記憶が当然おぼろげになってしまっていることだ。そのうえ、インタビューを受ける二世の人たち自身が幼かった場合、父親の記憶そのものがあまりないことだと猪俣さんは言う。

「それに証言はあくまでも証言であって、証拠とはなり得ません。そうですねえ、物的証拠といいますか、その人の父親がたしかに日本人であり、さらに自分自身がたしかにその父親の子どもであることを証拠立てる書類が必要なのです」

たとえば、父親の名前と本籍地を二世がはっきり覚えている場合だと、日本の市町村役場に照会すれば父親の戸籍が明らかになる。さらにその戸籍に二世の人たちの名前などの情報が記載されていれば、問題なく出自を確認することができて日本国籍もスムーズに回復することができる。

PNLSCでは日系二世の面接調査をもとに、調査結果をカテゴリーA、B、Cと三段階に分類している。右のように父親の戸籍が存在し、そこに二世の名前が記載されているケースがカテゴリーAとなる。

しかし、現実にはさまざまなケースが起こりうる。人権がまったく否定された戦争という期間を過ごし、さらに戦争が終わって七十年というほぼ人間の一生に該当する期間を挟んでいる。したがって、法に保護された私たちが生きる現代では考えられないようなことが、実際に起きていたからである。

父親の戸籍がたとえ確認できたとしても、そこに子どもである二世の名前が登録・記載されていない場合がけっこうある。これにはいくつかの理由が考えられる。ひとつは父親が実はフィリピンへ渡航する以前に日本に妻子がいたというケース。つまり重婚である。フィリピンへ出稼ぎ目的で単身やってきて長年にわたり居住しているうちに、現地で妻と結婚し、子どもが生まれた。こうした場合、フィリピンで生まれた子どもが戸籍に記載されることはまずない。

たとえ重婚ではなく独身だったとしても、日本人の父親とフィリピン人の母親が結婚する際に、フィリピンには戸籍制度というものがないので記録が残らないこともある。特に山岳民族のように民族の伝統に則った結婚という形もあるため、そのようなケースだと公式な書類そのものが存在しないこともあるだろう。

あるいは戦時中の混乱期、父親は日本軍や現地政府の軍属などとして各地を転々としていたケースもよくあり、子どもが生まれてもしかるべき役所や日本領事館などに二世の出生を届けていなかった場合もあるに違いない。また、現地でしかるべき手続きを踏んで届け出を行い、領事館などで書類も作成されたにもかかわらず、戦闘による空爆などによって建物が破壊され、その混乱の中で書類が消失してしまったケースも考えられる。

実際、戦時中に発令された軍政令により、海外に居住する在留邦人は日本人会などを通じて戸籍への身分関係に関する記載を届け出るよう求められていた。ところが、輸送中の事故や戦災によって、本籍地へ届かなかったことも少なくなかった。

同様に、戦後に現地の人たちから迫害を受けることを怖れて自分の日本人としてのルーツを隠すため、父親に関する書類や写真などを焼却してしまったということも、日系二世の中には実際にあったようだ。

いずれにせよ、父親の戸籍が確認できたとしても、日系二世である自分とのつながりが確認できないこの二番目のケースは、カテゴリーBに分類される。

そして、身元を確認するうえで最も困難な状況にある人がカテゴリーCである。父親の名前も本籍地も覚えておらず、もちろんそれに関連する書類や写真もない。二世自身が当時はまだ幼かったため、父親の名前や面影をまったく覚えていないこともあるだろう。あるいは覚えていたとしても戦後七十年以上におよぶ歳月を経て、忘れてしまった場合もあるかもしれない。

父親である日本人移民の多くは戦時中、現地の言葉が話せるなどの理由で、日本軍や軍政機関で軍属などとして雇用されていた。各地を転戦するため家族や子どもたちと離れ、そのまま生き別れとなったケースも少なくない。父親は戦闘に巻き込まれてすでに死亡してしまったか、たとえ生き延びたとしても連合軍の捕虜となり、戦後は日本へ強制送還された。

日本人の父親についてはおそらく母親から聞かされて育ったであろうが、二世にとって父親の名前や出身地などが特定できなければ、戸籍などは探しようがない。

戦前に残された資料をあたる

猪俣さんによれば、ＰＮＬＳＣが父親の身元を調査する際にあたる資料は主に以下のものだという。

外務省外交史料館には、戦前に海外へ渡航した人の公文書がいくつか保管されている。「海外旅券下付返納表」はそのひとつで、これは今でいうパスポート（旅券）の発給記録である。一八九〇（明治二十三）年から一九四一（昭和十六）年にかけて日本から海外へ渡航した人の旅券発給記録で、氏名、本籍、年齢、行先国、発給日時、申請時年齢などが記載されている。七万三千人以上のデータが収められており、前章で述べたように、山根七三郎は実際に外務省で発行された旅券をボントックで保管していた。この資料のすぐれている点は、移民した人物の渡航した年度が確認できることである。

「在外本邦人身分関係表」は海外にある日本の在外公館（大使館や領事館など）を通じて、結婚や出生の届け出をした記録で、日本の本籍地のある役場に送られた。一九一三（大正二）年から一九四二（昭和十七）年までの約一万八千人分のデータがある。

海外への移民が渡航目的であった場合は、仲介する移民会社が渡航関係の必要書類をつくった関係で、移民のデータを書き残した。そうした台帳が五十五分冊保管されており、この中にはフィリピンへの渡航者約二万五千人分のデータが記載されている。

「外国旅券下付出願ニ要スル在外公館発給各種証明書交付人名表報告雑纂」は、大使館や領事館が置かれていたマニラやダバオで発給された旅券に関するデータで、一九二六（昭和元）年から一九四一（昭和十六）年にかけてのものが保管されている。

外務省外交史料館に保管されているこれらの記録は公開されており、戦前の様子を知るための資料という意味では大変貴重なものである。こうした資料が存在することによって、実際に戸籍や国籍が回復できた例を目の当たりにすると、公文書をきちんと残すことの大切さを思い知る。

近年になって公文書の改竄や偽造、破棄といった問題が数多く起きており、なかには政府が実態を国民に知られたくないために最初から議事録などを作成しないなどの愚挙が行われることもある。だが、公文書というものは後年にその時代のことをさまざまな角度から検証するためには不可欠なものであり、国家が一流の民主国家であることの証ともいえるものだ。

厚生労働省には軍人軍属名簿が保管されている。この資料は非公開であり、「照会」という方法でしか情報にアクセスすることはできない。さらに親族の承諾がなければ回答しない、という方針であるため、第三者にとっては実際には閉ざされた名簿だといえる。

日本人の移民一世の多くは戦時中、軍属などとして日本軍に協力してきた。だから、この名簿を使うことができたら、日系二世にとってもっとたやすく父親の戸籍確認に役立つはずなのだが……。

その他、アメリカのメリーランド州にある国立公文書館には「俘虜銘銘票」という記録文書が保存されている。戦時中あるいは終戦時に、アメリカ軍の捕虜収容所で取り調べを受けた日本軍兵士や軍属についての記録である。アメリカは、たとえ機密文書であっても一定の年数がたてば公開するという原則を持っているので、こうした資料も役立てることができる。

その他にも、日本人である移民一世の父親と共におさまっている家族写真や、親族からの手紙類、また遺品なども重要な証拠となりうる。クリスチャンが多いフィリピンでは結婚式を教会で挙げることも多い。よって、日本人移民と現地妻の名前が教会の記録書類に残っている可能性もある。同様のことが教会での洗礼の記録についてもいえる。

ＰＮＬＳＣでは日系二世の証言に基づいて、そうした書類や証拠を探索してはひとつずつ積み上げていくのである。

ＰＮＬＳＣの調査に同行する

ミンダナオ島のダバオにあるフィリピン日系人会が二〇〇九（平成二十一）年にまとめた統計によると、管内で把握できている二世の総数は七百四十七人。そのうちカテゴリーＡが百三十九人。カテゴリーＢが最も多くて五百四十三人。カテゴリーＣに分類されるのが六十五人となっている。

ＰＮＬＳＣはダバオのフィリピン日系人会だけでなく、各地の日系人会とも連携して調査を行っている。最大の二世人口を抱えるのは、やはりルソン島北部のバギオとダバオだ。それ以外にもルソン島のマニラとナガ市、セブ島（セブ市）、ネグロス島（バコロド市）、パナイ島（イロイロ市）などに日系人会が設置されている。

さらに、広大な面積を持つミンダナオ島には各地に日系人が散らばって暮らしているため、ダバオ以外にもサンボアンガ市など七カ所に日系人会がある。

私はそれらの日系人会を紹介してもらい、以降は直接オフィスを訪ねていって、二世についての情報を集めるという取材方法をとった。キアンガンのジョセフィンさんに偶然出会って聞いた戦前の日本人移民や日本軍の話に衝撃を受け、当時の様子をもっと詳しく知るために日系二世の方々の探索を始めたまではよかった。だが、当初はまるで雲をつかむような感じで途方に暮れてしまった。しかし日系人会の存在を知ってからは、各地に散らばる彼らの消息を確実につかめるようになっていったのである。

ミンダナオ島で日系人の身元調査を行うフィリピン日系人リーガルサポートセンターの猪俣典弘さんたち

それでもフィリピンの各島に暮らす日系二世を訪ねるにはそれなりに時間がかかり、二〇〇九（平成二十一）年に取材を開始してから約六十人の二世にお会いするまで、足掛け六年ほどかかった。

ミンダナオ島での取材を開始してから間もなくのこと、PNLSC事務局の猪俣さんから、ダバオ近郊での身元調査に同行しませんかという誘いをいただいたのはラッキーだった。身元調査でのインタビューの様子を拝見することにより、身元確認のためにはどのような情報が必要となるのか具体的に知ることができるからだ。

この日はダバオから百キロほど南下した海沿いの街マリタを訪ねた。そこに居住しているフランシスカ・タパレスさんとエミリア・サルモンさんというふたりの日系二世の身元調査を行うことになっていた。

ダバオから車を走らせること約二時間。フランシスカさんの家に到着すると、門前ではすでにたくさんの人々が待ち構えていた。フランシスカさんの子どもである三世やその家族、親戚のようだったが、何事が始まるのかと興味津々で集まってきた近所の人たちも混じっているようである。

フィリピンはかつての日本がそうであったように、特に地方では大家族で一緒に暮らしていることも多い。親しくなった人の家に招かれてお邪魔すると、次から次へと紹介されるため、最初は誰が誰だかよくわからない。家族だと思って話し込んでいたら、その人は単なる居候だったりすることもよくある。

応接間に入るとすぐに調査は始まった。日本からの移民である父親の名前はタキモト・ワオスケ。タキモトは「滝本」か「瀧元」だと想像できるが、ワオスケはどのような漢字をあてるのか。口承でしか伝えられていないため、それ以上のことはわからない。

ワオスケは戦前にネグロス島へ親戚と一緒に入植したらしい。ネグロス島といえば現在でも砂糖の生産地として世界的にも有名な島であるが、そこで大工の棟梁として働いていたようである。フランシスカさんは東ネグロス州のマンフヨッドで生まれた。

ワオスケは長女のフランシスカさんが三歳のときに体調を崩して帰国する。フランシスカさんは一九三二（昭和七）年生まれだから、ワオスケが帰国したのは一九三五（昭和十）年のことだ。まだ太平洋戦争がはじまる前のことだから、病を患って故郷が懐かしく思えたのかもしれない。

その数週間後、日本にいるヤマワキという親戚から、父が病死したという知らせが届いた。当時三歳だったフランシスカさんには父親が病死したことに関する記憶はおろか、面影すらいっさい覚えていない。父についての情報はすべて、すでに鬼籍に入られている母親のバシリャ・アブエバさんから伝え聞いたものである。

調査を進める猪俣さんは、かつてフィリピンの大学に留学していたことも大きいのだろう、タガログ語を流暢に操る。日系二世の父親にまつわる話をひとつも聞き逃さないよう、ときおりユーモアを交えながら、さまざまな角度から聞き取りを行っていくことに感心した。

ワオスケが病死した二年後に、母親は再婚した。相手はセブ島出身のパン屋を営む男だった。フランシスカさんは小学校に通い始めていたものの、じきに戦争が激しくなったために行かなくなった。日本の敗戦が近くなると、日本軍の兵士は村の家々に火をつけてまわっていた。おそらく潜伏しているフィリピン人ゲリラを怖れてのことだろう。

そのため母親と継父、弟の四人で山中に潜伏しながらしばらく暮らした。そうした生活は一年ほど続いたという。戦後になってから家へ戻ってみたが、家屋は焼失してしまっていた。ワオスケに関する書類はそのときにすべてなくなったらしい。

一家は継父の出身地であるセブ島へ移り、フランシスカさんは継父の苗字であるテオフィリオを名乗った。やがて十五歳で結婚、農業に従事しながら四人の子どもを育てあげた。

インタビューではあまり大きな収穫はないようだった。とにかく父親に関する情報が少なすぎるし、書類も残っていない。猪俣さんも、とにかく父親の名前がわかっているのでそこから突破口を開き、法的に就籍の申し立てをしてそれが認められたら、新たに戸籍を作成するしかないだろうという。

「就籍」とはあまり耳にしたことがない言葉かもしれない。日本人であるにもかかわらず何らかの理由で戸籍が存在しない場合に、家庭裁判所へ申し立てて新たに戸籍をつくることをいう。たとえば親が子どもの出生届を提出しなかったら、その子どもには戸籍がないことになる。もし何らかの事情により子どもの存在を父親に知られたくない場合、母親はその子のために新たに戸籍をつくる必要がある。これが就籍の申し立てである。

幼児のときに両親に捨てられたケースの場合、あるいは成人してから記憶喪失により姓名を思い出せない場合なども起こりうる。そういうときにも家庭裁判所に就籍が申し立てられる。

一度にたくさんの人の就籍が申し立てられたことが過去にあった。いわゆる中国残留孤児のケースである。現在の中国東北部は戦前のある時期、日本の傀儡国家である満洲国であった。太平洋戦争の終結直前、満洲国へ国境を接する旧ソ連軍がなだれ込んできて危険が迫ったため、在留邦人の多くは子どもを捨てたり、中国人に預けたりして、逃げ惑った。その後、中国人として育てられた子どもが成人して、ずいぶん時を経てから、この中国残留孤児の問題にスポットが当てられることになったのである。

彼ら中国残留孤児たちは、両親が日本人であったため、本来は日本国籍を有するはずだ。しかし、本名を知らないまま中国人の養父、養母に預けられたため、無国籍状態に置かれていた。それを救済するためにこの就籍申し立てという方法がとられ、これによって日本の戸籍を回復できた人は千二百人以上に上る。

ＰＮＬＳＣの調査によると、二〇一八（平成三十）年の時点で身元がはっきりしないフィリピン残留日本人（日系二世）の数は、まだ千人近く存在すると推定されている。その一人ひとりを家に訪ね、面接を行い、証拠資料を探し出す。そして、日本人の父親の戸籍を探し当て、それができなければ就籍という法的手段によって新たに戸籍を作成する。

そうした作業が、さして多くないスタッフの尽力によって行われている。ＰＮＬＳＣの活動には、本当に頭の下がる思いである。

無国籍者が生まれてしまう背景

この残留日本人の問題や、日系人の存在は、フィリピンでは一九八〇年代くらいまではあまり表面化していなかった。戦後はフィリピンにおいては人々の反日感情が非常に強く、日本人あるいは日本人の血を引いていることを表立って言い出しにくい雰囲気だったからだ。

そのためフィリピン政府も日系人をフィリピン人に含め、フィリピン国籍のパスポートを発給していた。ところがその後、日系人の間で日本人としてのアイデンティティの意識が高まり、日本人移民だった父親にならって日本国籍取得への動きが活発になると、フィリピン政府は日系人へのフィリピンパスポートの発給を中止してしまった。

フィリピン政府のこの措置はある意味で当然のことである。日系人が日本国籍を回復するのなら、日本政府にパスポートを発給してもらいなさいという論理だ。

しかし、これまで見てきたように、フィリピンに残留する日系人は、証拠となる書類が揃っていないと戸籍を回復することができない。戸籍を回復できなければ、当然日本国籍は取得できない。その結果、日本国籍でもなければフィリピン国籍でもないという日系人が大量に生み出されることになってしまった。そうした無国籍者は現在でも千人近く存在しているのである。

それにしても、日本政府はなぜこのような大きな戦後処理の問題を放置し続けているのだろう。その後の取材で日系二世に実際にお会いして、彼らの苦労話に耳を傾けながら、私が憤懣やるかたない気持ちになったことは一度や二度ではない。

戸籍の存在がネックになって日本国籍を回復したくてもできないのは、何も日系二世に過失があるわけでもないし、責任があるわけでもない。責任の所在がどこにあるのかの元をたどれば、やはり戦争を起こした日本という国に行き着く。太平洋戦争が起きると日本は大東亜共栄圏の建設を構想し、アジア全域を支配下に置くために各国を侵略した。その結果、父親である日本人移民一世は日本軍に協力することになり、敗戦と同時に父親と日系二世は引き裂かれることになったからだ。

この点は中国残留孤児の問題とよく似ている。しかし、決定的に異なるのは、中国残留孤児の問題は満洲国が建設されるのに伴っての国策による移民の結果であったのに対し、フィリピンの場合はいわゆる自由移民、経済移民の結果であったことだ。日本政府にとってみれば、あなたたちが勝手にフィリピンに行ったから起きたことでしょう、という感覚なのかもしれない。

またフィリピンにおける残留日本人の問題が中国と比べてあまり世の中に知られていないのは、日系二世の多くが日本人の父親とフィリピン人の母親との間に生まれた混血であったということも関係しているのかもしれない。だが、その点について補足しておくと、彼らには日本国籍を所持してしかるべき法的根拠がある。

日本の国籍法は一九八四（昭和五十九）年に改正され、以降は国籍の異なる両親から生まれた子どもは父母どちらかの国籍を選択できるようになった。それ以前には日本は父系血統主義を採用しており、「日本人である父の子の国籍は、日本国籍である」と定められていたのである。またフィリピンでも一九三五（昭和十）年に制定された憲法では同様に父系血統主義が採用されていた。

これら両国の法律を照らし合わせると、戦前に日本人を父親として誕生した子どもは、すべて自動的に日本国籍が与えられることになる。

しかし、実際には、法的に日本人としての身分が保証されていても、同時にそれを拒んでいるのも法の壁なのであるからやっかいだ。つまり、移民一世の父親が日本人であり、その一世の父親と二世の自分との関係を書面で証明しなさい、それができて初めて日本国籍を認めますよ、という法律の壁である。

理屈はよくわかる。法律は法理に則って運用されるから、「法の理屈」が認められて初めて適用されるからだ。でも、あの戦争の前後に起きた日系二世を取り巻く悲惨な状況と混乱を考えてみたら、いったい誰が「父親と自分を関係付ける書類」のことなど気に留めることができただろうか。

戦後になってフィリピンへも引き揚げ船を送って、日本人はそれですべて本国に帰還した、よって責任はきちんと果たしている、というのが日本政府の立場である。フィリピンに残留することを決めたのは自身なのだから、後になって日本へ帰してくれといわれても困る、と言っているように感じる。

だが、終戦当時に子どもだった日系二世にそれを理解しろと求めるのは、酷というものだろう。現在、そうした二世らはすでに八十歳、九十歳という年齢に達している。人数もわずか千人ほどのことである。日本政府は人道的な立場からも、ぜひ日本国籍回復を望む彼らに対して何らかの救済措置を講じてほしいものだと切に願う。

インタビューが終わると昼食を用意してくれた。白いご飯のおかずに、魚を甘辛く煮付けたものや野菜を炒めたものなどを出してくださり、日本人の口にはよく合うものだ。マグロの刺身もあった。

ミンダナオ島はマグロ漁も盛んで、市場に行くと輪切りにした塊が売られていることがよくある。新鮮なものは生でぶつ切りにして、醤油やピリ辛のタレにつけて食べる。これがまたうまい。聞けばミンダナオ島ではどこでもこういう食べ方をするそうだ。もしかしたら日本人がたくさん暮らしていたころからの習慣が根付いたのかもしれない。

あなたは日本人ですか、それともフィリピン人？

次に向かったのが、フランシスカさんと同じ街に暮らすエミリアさんの家。ここでもＰＮＬＳ

Cの調査を聞きつけて、たくさんの人が集まっていた。エミリアさんは先ほどのフランシスカさんと同じ一九三二（昭和七）年に生まれた。

父親のオオゾ（苗字らしいが、名前は不詳）が「日本へ帰らなくてはならない」と妻のイナラマン・ジャマリさんに言い残して姿を消したのは一九四〇（昭和十五）年のことであり、当時八歳だったエミリアさんは父の面影をよく覚えていた。

「お父さんは背が低かったけど、濃い髭を生やしていました。アバカ栽培に従事するために、このマリタの近郊タルゴイというところに家を建てて暮らしていました。その前に住んでいた家はタマキという人に貸していました」

私はエミリアさんの証言を聞きながら、お父さんはもしかしたら沖縄の人だったのかもしれないなと思った。沖縄にはオオゾ（大曾）という苗字があるし、タマキ（玉城）という苗字もけっこうある。それに父親の風貌である「背が低く」「髭が濃い」というのも沖縄人の特徴といえるだろう。

しかし、これらの推測だけでは父親を特定することは至難の業である。他に戦時中のことで何か覚えていないかと尋ねると、道路上には日本軍が設営したチェックポスト（詰所）があったという。いわば関所みたいなものである。日本人はその前を通過するとき軽く会釈するが、フィリピン人にはそのような習慣はない。それで詰所の軍人は「ケシカラン」ということで、長い横棒を顔の位置に渡すようにしたという。こうしておくとフィリピン人はそこを通過する際に、自然と首を垂れて会釈した姿勢になるからである。

笑い話ではあるが、当時の日本兵の横柄さ、滑稽さがよく出ている話だなと私は感心した。子どもの目というのは意外に本質を見ているものだからだ。

エミリアさんは「サヨナラ」「コンバンハ」程度の日本語の挨拶はよく覚えていた。同時に、おそらく父親と交流が深かったのだろう、何人かの日本人の名前もそらんじることができた。タナカ、ホシ、カムラ、カメロウ……。

十八歳のときに結婚し、十二人の子宝に恵まれた。生活が落ち着いた一九七〇年代になってようやく日本へ帰国した父親の消息を知りたいと思った。だが、どうやって探せばよいのか、糸口をまったくつかむことさえできなかったという。

ダバオにあるフィリピン日系人会のことを知ったのは、つい最近の二〇〇六（平成十八）年になってからのこと。娘たちがどこかで聞きつけてきたのである。

猪俣さんが就籍の方法について話し始めると、それまでエミリアさんをぐるりと取り囲んでインタビューのやり取りに耳を傾けていた人たちが、ぐいっと身を乗り出してきた。三世の娘や息子たちである。それはフランシスカさんの家でもまったく似たような調子だったから、見ていておかしかった。

その様子を見ていて強く引っかかったのは、日系二世と三世とでは自分の出自についての関心の持ち方がかなり異なっているということだった。日系二世の方々と話していると、ほとんどの人から自分のアイデンティティがどこにあるのかを確かめたいという想いが強く伝わってくる。

さらに突き詰めていえば、幼少のころに生き別れになった父親に会いたい、日本にある父親の

身元調査の後で集まってきた家族と共に記念写真に収まるエミリア・デバリニさん

墓に参りたい、父親の親戚に会ってみたい、父親は日本のどんな場所で生まれどのような最期を遂げたのか知りたい、というような人間として心の奥底から湧き出てくる自然な欲求があるのだと思う。

自分の中には日本人の血が半分流れているのに、父親のことはおろか日本のことをまるで知らない……。想像するに、心にポッカリと大きな空洞が空いているようななんとも収まりの悪い気持ちが、彼らの内部にあるのではないだろうか。それは自分という存在がいったい何者で、どこから来てどこへ行くのか、という心の叫びそのものなのだろう。

対して日系三世となると、この点はかなりドライである。自分の内部に抱える日本人としての血よりも、いま目の前にぶら下がっている利益のほうに興味と関心があるような気がする。フィリピンに暮らす日系三世の場合、その「利益」というのは「日本への出稼ぎ」に他ならない。

日本の相対的な経済力が下落し続け、成長を続ける他のアジア諸国との間で格差が縮まってきている。とはいえ、まだジャパン・ブランドは健在であり、フィリピンとの間には実際に相変わらず歴然たる経済格差が存在する。

知り合ったフィリピンの人と世間話をしていると、たいてい仕事がないという話になり、日本で働くことはできないだろうかと相談を受ける。街を歩けば、いたるところに海外での仕事を斡旋する張り紙や広告が目に付く。私が取材していたころは、入国審査やビザ取得の条件が厳しい日本での仕事について、そういう張り紙はほとんど見たことがなかった。だが、オーストラリアやアメリカ、香港、中東のサウジアラビアやドバイなどで働きませんかという内容のものは、いくらでも見かけた。

張り紙を読むと、職種によってはスキル以外にも容姿や身長についてもある基準を求められるなど、採用への道は厳しそうだ。とはいえ、実際にはフィリピンの人口の約一割にあたる約一千万人が、永住者も含めて海外で生活しているといわれている。

フィリピン国家海外雇用庁の統計によると、二〇一五（平成二十七）年の一年間に出稼ぎのため海外へ出国したフィリピン人は百八十万人にも上る。またフィリピン中央銀行の発表では、同年に海外出稼ぎ労働者からの送金額は約二百五十七億七千万ドル（日本円換算で約二兆九千億円）に達し、この額はフィリピンの国内総生産（GDP）の約九・八パーセントを占める。

かつてアメリカの植民地だったことも大きいと思われるが、フィリピンでは早期の英語教育が施されることもあって、アジアでは例外的に英語がよく通じる国である。タガログ語という公用語があるものの、英語もそれに次ぐ共通語としての地位を占めている。海外で働くには英語力は必須だから、その点ではアジア屈指の語学力を持つ国といえる。

もうひとつは、フィリピン人のコミュニケーション能力が非常に高く、他人に親切という性格も挙げられるだろう。私が日系人の家を探してウロウロしていると、いつのまにかたくさんの人が集まってきて、最後には決まって誰かが付き添って、目的地に連れていってくれたりしたものである。

日本の男性がフィリピンパブの女性にはまってしまう話をよく聞くが、なんとなくわかる気がする。会話上手で愛想の良いフィリピン女性にまっすぐ見つめられたら、ふだん家庭で居場所のない日本男児などコロリと参ってしまうだろう。

話がそれてしまったが、実際に中東のドバイなどに行ってみると、空港の売店では店員のほとんど全員がフィリピン人だったりして、改めて異国で暮らす彼らの能力の高さに目を見張る。

一方、出稼ぎ先として日本は人気が高いものの、移民や労働者に対して閉鎖的で冷淡な政策をとっているため、そのためのビザを取得するのは至難の業である（二〇一九年に法律が改正されて日本は単純労働に対してもビザを出すことに転換した）。コネがない人が日本へ定住できるビザを取得する道は、事実上閉ざされているといってもよい。しかし、日系人となると話は別だ。

バブル経済に日本中が浮かれていたころ、工場労働者などの数が足りなくなり、日本人だけで乗り切ることができなくなった。このため一九九〇（平成二）年に「出入国管理及び難民認定法（略して入管法）」が改正されて、日系二世・三世とその家族に対し、就労活動の制限がないビザの発給が認められるようになったのである。

だから、エミリアさんの息子や娘ら三世にとってみれば、母親のエミリアさんが日系二世として認められるかどうかは、即、自分たちが日本へ簡単に出稼ぎに行くことができるかどうかという切実な問題にすり替わってしまう。観光ビザで来日した後、オーバーステイ（滞在超過）で捕まらないかと毎日ビクビクしながら不法滞在を続けるのと、定住者ビザや日本人配偶者ビザを得て合法的に働くのとでは、精神的にもまた収入の面でも雲泥の差があるだろう。

私はエミリアさんに、ちょっと意地悪な質問をぶつけてみた。

「今回の身元調査で父親が判明し、エミリアさんがたしかに日系二世であることがはっきりしたとします。つまり日本人として日本のパスポートを持つことができるわけです。日本は二重国籍を認めていませんから、そうするとエミリアさんはフィリピン人ではなくなるということになりますが」

エミリアさんは、この質問に明らかに動揺していた。彼女自身はおそらく純粋に自分の出自や父親のことを知りたいと思っていたのだろうが、国籍ということまでは考えがおよんでいなかったのではないだろうか。フィリピンの田舎で八十年近く暮らしていた人間にとって、国籍が変更される可能性もあるなどとは思いもつかないことに違いない。

「エミリアさんは、フィリピン人なのですか、それとも日本人ですか」

追い打ちをかけるような意地悪な私の質問に、彼女は意を決したようにきっぱりと私を見据えて答えた。

「あたしはフィリピン人です」

彼女のその答えに、まわりを取り囲んでいた三世や親戚たちからどっと笑い声が起きた。苦笑いしている人もいれば、怒った調子でエミリアさんに何事かを早口でまくし立てている人もいた。タガログ語だからよくわからなかったが、おそらくそれじゃ日系二世だと認定されないわよ、とかなんとか囃し立てているのだろう。

「あたしは日本へは行きませんよ。だって遠いし、怖いところだって聞いているし」

毅然とそう答えるエミリアさんに、周囲は爆笑した。おそらく今回のPNLSCの調査を心待ちにしていたのは、エミリアさん本人というよりは、三世の息子たちのほうだろう。結果次第では、労せずして日本で就労できることになるのだから。

法的には日本国籍を所持してしかるべき日系二世のエミリアさんが、実際には自身のことをフィリピン人だと考えており、と同時に、その子息の三世らは自身の仕事のために母親に日本国籍を回復してもらいたいと願っている。

このひとつの家族の事例を見ただけでも、フィリピン残留日本人の問題の本質は単なる国籍回復にあるのではないことがわかるだろう。私たち日本人は、ふだん国籍などということを考えたこともない人がほとんどに違いない。

ではフィリピン残留日本人が抱える本当の問題点とはいったい何なのか。その答えを探すために、もう少しミンダナオ島に滞在して、他の日系二世たちにも会いに行こうと思う。

7章　東南アジア最大の日本人町　まぼろしの「ダバオ国」

海軍航空廠の少年見習工

ミンダナオ島最大の街ダバオは、首都マニラに次ぐフィリピン第二の大都会だ。行き交う人たちの表情は穏やかで、どことなくのんびりとした風情が漂っている。じっとしていても汗がシャツに張り付くが、それはけっして不快なものではなく、むしろ南方に来たのだなという喜びのほうが先に立つ。

この街にかつて二万人もの日本人が暮らし、「ダバオ国」とも呼ばれていた時期があったことなど、にわかに信じることができない。しかし、サン・ペドロ通りあたりのダウンタウンを歩いてみると、他のフィリピンの市街地とはかなり異なる印象を受ける。

「歩道がアーケードになっているでしょ。だから、雨が降っても濡れずに歩くことができるのです。これは外地にある日本人町の特徴といってもいいですね。他の東南アジアや台湾でもそうですから」

ダバオの戦前の様子を話してくれたのは内田達男さん。一九二八（昭和三）年にダバオで生まれ育ったため、戦前の街の様子をよく覚えている。私は残留日本人についての情報を得るために、ダバオにあるフィリピン日系人会の本部を訪れていた。そこで内田さんと知り合った。日系人会はミンダナオ国際大学の敷地内に事務所を置いている。というのは、フィリピン日系人会がこの大学を運営しているからである。ミンダナオ国際大学は内田さんの奥様である故内田あや子さんの遺産を基金にして二〇〇二（平成十四）年に設立された。特に日系人のための大学というわけではなく、学生は一般のフィリピン人である。日本語教育に力を入れていると聞いた。

ダバオにあるミンダナオ国際大学

悠然と流れるダバオ川近辺から港にかけての地域が、戦前に日本人の手によって開発されたダウンタウンである。かつて日本時代にマガリヤネス街と呼ばれていた通り（現在のピチョン通り）やサン・ペドロ街（現在も同じ名前で呼ばれている）には、今もアーケードが残されている。このあたりを中心にして、かつて日本人が経営する商店や会社、旅館などが軒を連ねていた。

「大阪バザール、柏原ホテルといった名前を覚えています。沖縄出身者が多くて、旅館などはたいてい沖縄の人が経営していましたね」

日本領事館も置かれ、病院や小学校、写真館、東西両本願寺もあった。ダンスホールやカフェ、映画館といった娯楽施設もあり、文明の香りが立ち昇る街だった。日本から一旗揚げるために海を渡ってきた単身の男性も多かったため、市内にはいわゆる「からゆきさん」のいる慰安所もあったという。

このあたりに現在居住している日本人はほとんどいないと思われ、日本語の看板なども皆無だ。しかし、ぶらぶらと通りを抜けていくと、なんとなく古い日本の街なみを歩いているような錯覚にとらわれるから不思議なものである。

内田さんの両親は共に大分県の出身で、大正時代末（一九二〇年ごろ）に日本から海を渡ってきた。ダバオでは木材商として、材木の輸出業を営んでいたという。

内田さんが八年制のダバオ日本人尋常高等小学校（戦時中にダバオ国民学校に改組）を卒業した年の一九四一（昭和十六）年、真珠湾攻撃をもって日本とアメリカは開戦した。十二月八日のことである。繰り返しになるが、真珠湾への奇襲攻撃という日本国民を熱狂させたあまりにもドラスティックな日米開戦の端緒の陰に隠れてしまい、太平洋戦争の歴史からも忘れ去られようとしている。だが、日本軍がフィリピンのダバオへ攻撃を開始したのは、まさしく真珠湾攻撃と同じ日のことであった。

日本の軍部は日露戦争の頃はロシア帝国を仮想敵国としていたが、その後に特に海軍はアメリカを第一の「想定敵国」と考えるようになっていた。太平洋を挟んでいるため、どうしても利害対立が生じてしまうのだろう。そのなかでも日本にとって最大の脅威となっていたのは、アメリカが植民地化して軍隊を駐留させているフィリピンであった。

十二月八日、台湾を飛び立った爆撃機がルソン島のクラーク、イバ両飛行場を急襲したほか、ダバオでは洋上に待機していた海軍航空隊の空母より爆撃機が飛び立ち、北郊外にあるササ飛行場を攻撃した。日米開戦の報を受けて、ダバオに居住する日本人は大人から子どもまでほとんど全員がフィリピン人官憲の手により市内の小学校などへ分散収容された。ハワイの日系人なども同様にこの時期、敵国人としての扱いを受けてやはり収容所に収監されている。

しかし、ダバオの場合、開戦翌日からの日本人・日系人を巡る扱いはハワイとはまさに天と地ほどの違いを生み出していく。日本人が収容されて間もなくの同月二十日未明、陸海軍部隊約五千二百名がダバオ湾のマングローブ林を突破して無血上陸した。このとき防衛にあたっていたアメリカとフィリピンの連合軍は人員が十分ではなく、戦火を交えるまでもなかった。日本軍はそのままダバオ市内へ侵攻し、占領は成功裏に終わったのである。

市内の各所で収容されていた日本人は、それと同時に解放された。統率されて隊列を組む日本軍を目の当たりにした日本人居留民には、彼らの姿がさぞかし頼もしく感じられたことだろう。わずか三年後には狂人のごとく振る舞う軍人の姿を目撃することになろうとは、このときには想像すらできなかったに違いない。

余談であるが、このときの上陸部隊の一員として、のちに首相となった中曾根康弘が海軍主計中尉の肩書きで参加している。中曾根は大学を出たばかりだったが、海軍経理学校で短期間の士官養成を受けた後、ミンダナオ島へ派兵されたのである。中曾根は設営隊に所属し、日本が爆撃したササ飛行場を修理・整備して、その後の本格的な日本軍の上陸に備えるという任務だった。

松浦敬紀編著の『終りなき海軍―若い世代へ伝えたい残したい』（文化放送、一九七八年）という回想録のなかに、中曾根が寄稿した「二十三歳で三千人の総指揮官」という文章がある。タイトルから想像されるとおり、まあ自慢話のようなもので、戦費として当時の金額で七十万円を用意させ、それを七つの行李に詰めてその上で寝泊まりしたとある。またその後に赴任したインドネシアでは、兵隊同士の争いが絶えないので、自分が慰安所をつくってやったところ欲求不満がなくなり、部隊が平穏を取り戻したことなどが書かれている。

「自分はまだ十四歳になるかならないくらいのガキでしたけど、日本の軍隊が人を募集していると聞いて面接に行ったら採用されたのです。海軍航空廠というところで少年見習工というような身分でした。さっそく飛行場で働き始めました」

内田さんは尋常高等小学校を卒業した年に海軍に勤務するようになる。航空廠には同じような身分の少年見習工が六十人ぐらいいて、部隊には軍人が十五名ほどと台湾人（当時は日本人）の軍属が二十人ぐらい一緒にいたことを内田さんは覚えているという。同級生たちの多くは、他に海軍施設部や陸軍貨物廠、憲兵隊などに採用された。

入隊するとだぶだぶの大きなサイズの服を支給されたという。内田さんと同年にダバオで生まれ、やはり十四歳で海軍の軍需部に入隊した田中義夫さんは、のちにダバオにおける暮らしを『異国のふるさと　ダバオ』（自費出版）にまとめているが、この中に入隊したばかりの少年見習工の集合写真が掲載されている。まだ小学生といってもよいぐらいの幼い顔立ちに小さなからだ。だぶだぶの制服。平和な現代の日本に生きていると、その時代がいかに異常であったかが一瞥してよくわかる写真である。

内田さんは父親も何か日本軍関係の仕事をしていたが、どのような内容の仕事であるかは知らなかった。そのうちに肝臓を悪くして、開戦から二年後に帰らぬ人となった。戦況が怪しくなってきたのはそのころからである。アメリカ軍がダバオに上陸したのは一九四五（昭和二〇）年四月であった。

「米軍の空爆が激しくなり、また上陸も始まったので、日本軍は奥地へ向けて行軍を開始しました。タモガン渓谷に新たな拠点をつくるということで、日本人居留民の多くも行動を共にしたのです」

日本軍の戦闘能力はこのころ、陸軍と海軍を合わせて総勢約二万人だった。軍令により、ダバオの北三十キロのカリナンからさらに奥地へ入った山中のタモガン渓谷で、長期間自活しながら持久戦を継続することが決定された。

ルソン島でもそうであったが、日本の軍隊というのはどうも補給ということを軽く考えている節がある。自活しながら、というが、そこは先住民のバコボ族がぽつんぽつんと住む渓谷。民間の居留民と合わせて数万人分の食料など、どう考えても調達できないことぐらいわかるだろう。しかし、軍令というのは絶対服従しなくてはならないもの。戦争の悲劇は、えてしてこのような理不尽から生まれるものなのである。

日本軍が日本人居留民に対して、タモガン渓谷に避難して持久戦に備えよと命令する意味。それは、彼らに開墾をさせて、自分たちが食べる食料を賄おうと考えていたためだろう。

ダバオの背後には、標高三一四四メートルのフィリピン最高峰アポ山をはじめとした山並みが続いている。その傾斜地がこれまで主に日本人移民によって開拓され、アバカ栽培が行われてきたところである。ダバオが東南アジア最大の日本人町として発展したのも、このアバカ栽培のおかげである。

とはいえ、皮肉なことに太平洋戦争が勃発してフィリピンが日本の領土になると、日本軍はこの地を軍隊の維持のための食糧庫に変えることにした。アバカは次々と切り倒され、トウモロコシや大豆の栽培のための畑や家畜の牧場などに転用されていく。その指揮を執ったのが海軍軍需部で、余剰生産物はラバウルの戦地などへ送られた。現在ではアポ山麓の一帯には広大なヤシ畑が広がっている。

「日本軍は拠点を移すための転進だと言っていましたが、実際はアメリカ軍に追われての敗走なわけですよ。食料をそこで自給せよということでしたが、無茶な話でね。山岳民族のバコボ族の畑を荒らしたり、住民から略奪したりしていました。ひどい場合だと、自分たちが来たことを敵に知られないためだという理由で、住民を虐殺していました」

内田さんによると、日系人の多くはなぜ自分が生まれ故郷のダバオから追い出されて、山の中へ逃避しなければならないのか、よく意味がわからないものの、敗走を続ける日本軍と行動を共にしていたという。情報が極度に統制されている戦時下で、客観的に正確な情報をつかんで行動することはほとんど不可能だったに違いない。

「みんな似たり寄ったりの食糧事情だったでしょうね。サワガニを捕まえて生でかじったり、背嚢に忍び込ませていた焼き塩で雑草を揉んで口にしたり、逃げた住民の畑でサツマイモのかけらを拾ったり。しょっちゅう腹をこわして、そのときは炭を削って薬代わりに飲んだりしたものです」

タモガン渓谷へ転進するという日本軍の計画は、そこで籠城を続けながら耕地を開拓し、しかるべき時期に備えるというものだった。彼らは、兵力も武器も食料もとっくに尽きているのに、司令官の命令がなければそれでも降参することができない。たとえ将来の見通しなど皆無であっても、そうするより他に手の打ちようはなかったのだろう。

正確な数字は現在も不明だが、タモガン渓谷周辺で命を落とした日本人・日系人の数は四千人から五千人に達するといわれている。この数字には日本軍兵士の数は含まれていない。あくまでも一般の日本人居留民の数である。

しかし、なかには日本軍の命令に従わず、自分たちの判断で生き延びることができた人たちも存在した。前述した田中義夫さんの『異国のふるさと　ダバオ』は、太平洋戦争前後のダバオの変遷をさまざまな文献をあたって検証したすぐれた資料だ。それによると、アバカ栽培で一時代を築いた大手会社の古川拓殖株式会社は、独自に密林内に砦を設けたという。

日本軍によるタモガン渓谷への転進の勧告にも耳を貸さなかった。川に簡易なロープウェイをかけ、食料を運び込んで貯蔵し、戦争が終わるまでそこで籠城を続けた。おそらく戦況を冷静に判断して、備蓄もないような場所で日本軍と共に行動しても、餓死してしまうのがわかっていたのだろう。この判断の結果、約七百人の日本人社員は生き延びることができたのである。

内田さんは終戦時にアメリカ軍の捕虜となり、ダリアオンにある収容所に送られた後、アメリカが用意した引き揚げ船で日本へ強制送還された。鹿児島の加治木《かじき》港に入港すると、日本円で二十円と汽車の切符をもらい、母親のふるさとである大分へ向かった。ダバオ生まれの内田さんにとって、初めて足を踏み入れる祖国だった。

戦後三十年ほどして、慰霊団の一員として再びダバオの土を踏んだ内田さんは、そこで日系二世の多くが身を潜めるように極貧の暮らしを強いられていることを知り、愕然とする。戦前にダバオに暮らしていた日本人は、本国よりも経済的に恵まれているという自負があった。だが、その末裔たちのあまりにも惨めな境遇に衝撃を受けたのだった。以来、内田さんはたびたびダバオへ通い、日系人たちに対して教育分野での支援を続けている。

アバカ栽培で潤ったダバオ

それにしてもダバオはどのような経緯で、戦前には「ダバオ国」と称されるほどの未曾有の好景気に沸き、二万人もの日本人・日系人を擁する東南アジア最大の日本人町として発展したのだろうか。

ダバオ発展の発端は一九〇〇年代初頭にまで遡る。当時、軍隊の近代化に血眼になっていた各国では、軍艦や遠洋船舶の建造が盛んに行われており、それに伴い軍艦をつなぎ留めるロープの需要が急増していた。

重量級の船舶をつなぎ留めることのできるロープとして、アバカという植物の強靭な繊維は最適であった。見た目はバナナの木とそっくりで、素人にはまず見分けがつかないだろう。通称、マニラ麻と呼ばれるものだ。アバカは水に濡れても腐食せず、紫外線に対しても耐久性があるため、軍艦や船舶で使うロープとしてはまさに打って付けの素材だったのである。

このアバカ、意外にも私たちにとっては、けっこう身近なところで使われている。日本で発行されている紙幣の主原料は和紙のもととなるミツマタであるが、強靱性と耐久性を保つためにアバカの繊維も加えられているのである。

アバカの栽培には、熱帯の肥沃な火山灰性の土壌を持つ山間部などが最も適しているが、背後に休火山のアポ山をかかえるダバオ近郊は、その条件にまさにぴったりであった。

このビジネスチャンスに目を付けたのが、当時マニラで日用品を扱う商売を手広く行っていた兵庫県出身の移民、太田恭三郎である。太田はルソン島北部の山岳地帯でベンゲット道を建設するアメリカ軍とフィリピンの行政当局に取り入り、御用商人として工事に必要な資材などを卸していた。ベンゲット道路が完成した一九〇五（明治三十八）年をもって、日本人移民である建設労働者たちはお払い箱となり、彼らの多くは次の働き場所を探していた。

太田はそういった労働者らをたくさん引き連れて、ミンダナオ島のダバオへ入植する。当初、彼らはアメリカ人の農場主のもとで「麻挽き」と呼ばれる労働に従事した。アバカの幹から剝がした薄皮から、繊維を取り出す作業である。日本にいるときの二倍の労賃だったが、相当な重労働で、またマラリアなどの風土病により命を落とす者があとを絶たなかった。

当時の法律では外国人は土地を所有することができず、また公有地を開墾することもできなかった。太田は現地政府と交渉して、収穫の一部を政府へ納入することで公有地の耕作権を得ることに成功する。労働者はこの措置によって俄然やる気を出した。一部を税金のような形で納入すれば、あとは働いて得た分だけ自分たちのものとなるからである。

さらに一九〇七（明治四十）年に太田は太田興業株式会社を設立する。法人登記することにより外国人でも土地を買収できる道筋をつかむためである。労働者たちは一獲千金を求めて続々と集まってきた。自己資本は要らず、請負制により働いた分だけ自分の報酬になるのだから、日本から来たばかりの移民にとっては夢のような話だったことだろう。

ダバオ近郊でアバカ栽培をするために開拓者らが森を切り拓いていると思われる戦前の写真

噂が噂を呼び、日本からの移民は増加し続けた。とりわけ第一次世界大戦が勃発した一九一四（大正三）年を境に、軍需用ロープの需要が世界規模で拡大し、アバカの値段が高騰したことも大きい。わずか数年で取引価格は四倍にもなったといわれている。

そのため太田興業に続けとばかり、日本だけでなく海外からの資本が流入。一九一八（大正七）年には日系のアバカ取り扱い会社は六十五社を数え、アバカ栽培面積は四万ヘクタールを超えた。

太田興業と双璧をなした古川拓殖株式会社は、一九一四

（大正三）年に設立されている。滋賀県出身の創立者・古川義三は東京帝国大学を卒業後、すぐにダバオにやってきて会社を興した。古川の叔母は、現在の伊藤忠商事株式会社（当時は伊藤商店という会社名）の創立者である伊藤忠兵衛の妻にあたる。おそらく古川が会社を興すにあたっては、そのような血縁もおおいに関係していたのではないだろうか。

世界的なアバカ需要による好景気に支えられる形で、日本からの移民は増え続けた。当初の移民は過酷な労働に耐える必要があったため、日本からやってくる移民の主軸は男性単身者であった。

やがて生活が安定してくると、当然ながらこの地に腰を落ち着けようという流れになってくる。日本から妻を呼び寄せる者や、写真見合いによって日本から花嫁を迎える人もあったが、現地でフィリピンの女性と結婚するケースも少なくなかった。

アポ山麓には、昔からの伝統を守りながら暮らしている先住民のバコボ族が居住している。ラワンなどの大木が茂る森の中で焼畑農業などを行って、環境への負荷を最小限にとどめながら生きている。かつての日本の山村にもあった循環型の暮らしである。

農村の次男、三男が多かったといわれる日本人移民の男性にとって、そうしたバコボの暮らしには順応しやすかった面もあるのだろう。戦前の日本人はあまり肉食を好まなかったが、沖縄の人は好んで豚肉などを口にする文化を持っていた。そのため同じように豚肉を食べる習慣を持つバコボの人たちと沖縄の人は、相性も良かったと思われる。太田恭三郎の片腕としてダバオ開拓に尽くした大城孝蔵が沖縄出身だったこともあり、沖縄からの移民は年を追うごとに増えた。ダバオ周辺に定着する日本人移民の半数近くが沖縄出身だったといわれている。周辺の民族に比べてバゴボ族には美人が多かったといわれており、日本人男性のハートを射止めたことは想像に難くない。アバカを取り扱う日本の会社が多数進出し、在留する日本人が増加するにつれて、日本人学校もダバオ近郊につくられるようになっていった。最盛期にはダバオ日本人学校の他に、ミンタルやカリナン、ダリアオンなど十一もの日本人学校があった。

街の発展に伴って、バゴボ族などのフィリピン女性と結婚する日本人移民の男性は増加していく。当初はフィリピンへ渡ってくる日本人移民の多くは「出稼ぎ」が目的だったが、ダバオに日本人町が形成されるにつれて、定住を志す者が増えていったからである。

ダリアオンに建てられた古川拓殖の倉庫は私が取材したときにはまだ残存しており、外壁には無数の弾痕があった

現地で結婚して家族をもうけ、やがて子どもたちが誕生する。その子どもたちが日系二世であり、本書における物語の主役となるのである。

ダバオでは移民である日本人男性にとってフィリピン女性たちとの結婚には、実はもうひとつの大きな理由があった。それは土地の所有という問題である。外国人は法律によって土地の所有ができなかったため、アバカ栽培のために土地を切り拓いていくのには限界があった。特に自営の農家として独立してやっていくことは難しかった。

しかし、妻が現地の人間だと、その親族の土地を借り受けることができる。あるいは妻の名義にすれば購入することもできる。実質的に土地の所有者になることができるのであった。日本人移民たちが続々と現地のバコボ族の女性を妻にした背景には、そうした一面もあったのではないかと考えられる。

太平洋戦争が勃発した前後には、ダバオに居住する日本人は二万人にも達していた。まさかこの地でたくさんの血が流されることになろうとは、当時は誰も想像すらできなかったに違いない。

日本人に復帰したためにバランガイ長を辞任した榮幸一さん

日本軍が戦争末期に司令部を移したタモガン渓谷では、軍人の命令で避難行を共にしたたくさんの在留日本人が悲惨な最期を遂げた。その数は四千人とも五千人ともいわれているが、いまだに詳細な数字は不明である。

そのタモガン渓谷に現在居住されている日系二世の方がいると聞き、訪ねて行った。フィリピン名はコンスタンシオ・アモイ。日本名は榮《さかえ》幸一さんという。一九二七（昭和二）年の生まれである。

「父はルソン島のベンゲット道路建設の現場で働くために一九〇三（明治三十六）年ごろにフィリピンへ移民してきたようです。その後はダバオへ流れてきて、太田恭三郎さんと知り合い、アバカを扱う太田興業で仕事をしていました」

父親の榮直吉は山口県の周防大島の出身である。ダバオへやってくると一九〇九（明治四十二）年に現地のバコボ族の女性アモイさんと結婚、男五人、女三人の子どもをもうけた。幸一さんは四男にあたる。

話が少しそれるが、私はつい最近、家族旅行で周防大島を訪れた。周防大島は私が尊敬する民俗学者の宮本常一氏の出身地であり、島には氏のこれまでの活動を展示した小さな記念館があるということで、そこを訪ねるのが主な目的だった。

車を走らせていると、「日本ハワイ移民資料館」という標識が目に留まった。本書を執筆するために移民のことを調べていた私は、せっかくの機会だからと立ち寄ってみることにした。すると驚くべきことがわかったのである。

一八八五（明治十八）年、日米政府間の取り決めによる最初の日本人移民がハワイへ送り出され、「官約移民」と呼ばれた。このとき「シティー・オブ・トーキョー」号で海を渡った九百四十四人の移民のうち、実に三分の一にのぼる三百五人が周防大島の出身だったのであった。

この官約移民の制度はその後、移民会社が引き継ぐことになったため、一八九四（明治二十七）年に廃止される。その十年間で三千九百人以上の移民が、周防大島からハワイへ渡ったのであった。

当時の周防大島は人口が膨れ上がり、また耕作に適した田畑も少なかったことから、島民の生活は困窮していた。そのため山口県も積極的に官約移民を奨励したという背景がある。官約移民制度が終了した後も、たくさんの島民が自由移民としてハワイを目指した。

そうした移民たちの中には財を蓄えることができた成功者もあったことから、あとへ続けとばかり、ハワイだけではなく南米やフィリピンへ向かう者も多数存在したであろうことは想像に難くない。幸一さんの父親である直吉もまた、そのような時代の空気に流されるようにして、フィリピンの土地を踏んだのだろう。

幸一さんは、ダバオ郊外のトンカラン尋常高等小学校を一九三九（昭和十四）年に卒業した。その翌年に父親は病気のため他界している。しばらくは家の手伝いなどをしていたが、太平洋戦争が始まって間もなく、一九四二（昭和十七）年に軍政監部に給仕としての職を得た。十五歳のときである。

軍政監部とはあまり聞き慣れない部署だと思うので、少し補足しておく。ひとくちに「占領」とか「統治」といっても、それまで他国が担っていた政治体制や行政をいきなり軍部がすべて継承して担うことなど不可能である。フィリピンを占領した日本は、軍隊が直接実施する「直接行政」と、それまでアメリカの統治下で行われてきた行政府に取って代わる「間接行政」が共存する方法によって、当地の行政をつかさどることになった。この場合、間接行政が担うのは、たとえば占領地に軍政を敷くための社会調査や土地に関する法制調査などがある他、住民に対する行政一般の仕事があるだろう。

フィリピンで軍政監部が置かれることになるのは一九四二（昭和十七）年であり、幸一さんはそのタイミングで雇用されたのだろう。これまで存在した現地の行政府を再組織させて監督する。同時に、言論や結社などを制限することにより治安を安定させる。また、これまでの米ドルやフィリピンペソに代わり日本軍の軍票（軍用手票の略。占領地に駐留する軍の経費を補うため政府により発行された紙幣）を流通させて、日本の統治の強化を図るのがその目的である。

こうして軍政監部に奉職する人たちの多くは軍属という扱いで、日本からは軍人ではなく省庁の役人や企業に勤めていた人たちが派遣された。

幸一さんは給仕として軍政監部に入った後、連絡官として運転手なども務めるようになったという。一九四四（昭和十九）年に入るとアメリカ軍による空爆が頻繁に起きるようになった。このため軍政監部はダバオ郊外のカリナンへ移転したが、そこも危なくなったため、のちに日本軍司令部が転進したタモガン渓谷へ、事務所は再び移転することになった。

「タモガンの事務所へ移って一週間もたたないうちに、赤紙が来たのです。ええ、召集令状ですよ。そのとき私はまだ十七歳だったので、年齢を間違えているじゃないか！　と驚いたものでしたよ」

しかし、召集令状は年齢を間違えて届けられたのではなかった。戦前の日本は徴兵制をとっており、二十歳に達した男性は徴兵検査を受ける義務があった。太平洋戦争が激化して以降はその徴兵年齢が下げられ、一九四三（昭和十八）年からは満十九歳以上に、幸一さんが赤紙を受け取った一九四四（昭和十九）年からは満十七歳以上が対象になっていた。

さらにこの年には、満十四歳以上ならば「志願兵」として入隊できるようにも法改正された。戦争が拡大したため、とても従来の兵隊の人数では敵と対峙することができなくなっていたのである。

海外に居住する在留日本人は、「現地徴兵猶予」といってこれまで徴兵を実質的に免除されてきた。本人が願い出ることによって、満三十七歳までは徴兵を延期することが認められていたのである。ダバオに限らず海外へ移民した人たちのなかには、この徴兵忌避が一番の目的であった人が少なくなかったともいわれている。

徴兵年齢が大幅に引き下げられた一九四四（昭和十九）年には、この現地徴兵猶予も撤廃される。たとえ海外に居住していても、成人男性は強制的に軍人や軍属として徴用されることになった。幸一さんの例を見てもわかるように、その点は日系二世であったとしても完全な日本人として扱われたことを示している。

この一点だけを見ても、日系二世の日本国籍回復を認めたくないという、日本政府の戦後の態度がおかしいことはわかるだろう。

幸一さんは徴兵された後、工兵隊本部に詰めることになった。そこにはダバオで召集された自分と同年齢の日系二世が八名配属されていた。ダバオ郊外のミンタルの戦闘で負傷した兵隊をタモガンの陸軍病院へ移送することが任務だった。その仕事に就いて間もなく、直属の上官だったソノダ曹長が早朝の砲撃を受け、大砲の破片が頭に突き刺さって即死した。いきなりの実戦で身が引き締まる思いだったという。

それ以外の任務でよく記憶に残っているのは、広大なタモガン渓谷に竹槍を五メートル間隔で設置していく作業である。これはアメリカ軍のパラシュート部隊が降下して、陣地に入ってくるのを防ぐのが目的で、敵に見つからないように作業は夜間に行われた。

本土の学校における学徒による竹槍訓練もそうだが、アメリカ軍の圧倒的な軍事力を目の当たりにしているというのに、竹槍を使って本気で敵の攻撃を防げると考えている時点で日本軍はもう終わっているとと私は思う。しかし、おそらく当時の戦場にいた兵隊たちは疑念を挟むことなく、命令に対して忠実に任務を遂行していたのだろう。

戦争の悲惨さというのは、戦闘行為のすさまじさの中に存在するのではないと私は思う。戦争というものがいかに個人から思考を奪い去り、それにより人々が軍服の奴隷になり果ててしまうか、という点にこそ悲惨さの本質は宿っているのではないだろうか。

「戦争はゴメンです、たくさんです」

日本語に不自由しない幸一さんから話を聞いている間、彼は何度このフレーズを口にしたことか。

工兵隊本部に所属していた兵隊も、やがて散り散りになってジャングルへ入っていった。その仲間たちの多くはマラリアなどの風土病に罹り、また飢餓によって亡くなったのだと戦後になってから知ることになる。幸一さんは、ジャングルへの逃避行の最中で、パパイヤの木の新芽や春菊、先住民が放棄した畑でサツマイモのかけらなどを拾って食いつないだ。

やがてマツダ曹長ら六名の兵隊と一緒に山を下りて、ダリアオンへ向かった。このときの経緯についてはあまり詳しく話そうとはしなかった。おそらく戦争が終結したことを聞きおよび、投降するつもりで収容所があったダリアオンへ向かったのだろう。

「捕虜収容所で書類をつくってくれたのが日本語ペラペラのアメリカ軍の日系人でね、同じ日系人なのに境遇はなんて違うのだろうと不思議な感じがしたものです」

上司のマツダ曹長はやがて日本へ強制送還されることになった。マツダ曹長は幸一さんに「一緒に帰国しないか?」と誘ってくれたが、父親がすでに死亡していたため母親を現地に残して自分が日本へ行くわけにはいかず、他の兄弟と共にフィリピンへ残留することを選んだ。

戦後は実兄の奥さんの里に身を寄せて、現地語のひとつであるチャバカノ語を必死に習得しながら、母方の名前であるコンスタンシオ・アモイに改名して暮らした。戦後もしばらくは日本人を掃討するためにフィリピン人武装ゲリラが村へ巡回してきたが、村の人たちはみな匿ってくれたという。

そのうち、やはり同じ日系二世という境遇のタエコさんと結婚。六人の子どもに恵まれた。苦労して三十ヘクタールの土地を入手して開墾し、コーヒーやトウモロコシ、それに稲を育てて生活を立てた。インタビューの最中、幸一さんの太くて節くれだった指がとても印象的だったのだが、その話を聞いて思わず納得した。

「戦後かなりたってから、日系人から日本への集団帰国の話が出たとき、一瞬躊躇しましたが、自分の心の中は決まっていました。改名はしましたが、自分はずっと日本人だという誇りを持って生きてきたつもりでしたから」

ダバオのフィリピン日系人会が企画した日本への集団帰国の目的は、日系二世の日本国籍回復の可能性を探るためである。日本に滞在している間、テレビや新聞などのメディアに伝えてもらって親戚などの関係者が名乗り出るのを待ち、父親の戸籍が残っていないかを確認する。中国残留孤児探しのときと同様の方法だ。

この一九九五（平成七）年の訪日では三十二名の日系二世が一緒だった。その結果、幸一さんを含めて十名の身元が確認された。ちょうど戦後五十年目の大きな節目に、コンスタンシオ・アモイから榮幸一へと引き戻された瞬間である。

幸一さんの父、榮直吉は家族の名前をきちんと戸籍に記載していた。おそらく子どもの出生記録をダバオの日本領事館に届け出ていたのだろう。ただし、どのような理由かは不明だが、八人の子どものうち、長女の名前だけは記載されていなかったという。

日本滞在中に手続きをして、日本のパスポートを取得した幸一さんだった。だが、フィリピンへ帰国後、すぐに困った事態が起きた。フィリピンでは村などの行政単位のさらに下に「バランガイ」と呼ばれる最小の自治組織がある。公選制をとっており、議長や議員は選挙で選ばれる。フィリピン全土では約四万二千のバランガイがある。

手広く農業を営み、見るからにまじめそうな幸一さんは村人の信望も篤いようで、日本に一時帰国したときバランガイ長の立場にあった。村長といっても差し支えないだろう。ところが、バランガイは公職のため、外国人は就けない。幸一さんは日本滞在中に日本のパスポートを取得したのだが、それは日本国籍を選択したことを意味したのである。

そのためバランガイ長の立場は放棄せざるを得なかったという。私が訪れたときは、息子の奥さんがバランガイ長を務めていた。そのことだけを見ても、幸一さん一家がこの村でいかに慕われているのかがわかろうというものだ。

「日本人としての誇りをずっと持って生きてきた」という証言は、インタビュアーである私への多少のリップサービスを含んでいるとしても、幸一さんの本意なのは間違いないだろう。そうでなければ地元で尊敬されるバランガイ長としての立場を顧みずに、日本のパスポートを即取得するという行動の説明がつかないからだ。

戦前の日本人移民とその家族が、日本人としてのアイデンティティについてどのような考え方を持っていたか、彼らの境遇や職業などによって、当然一人ひとりが違うとは思う。とはいえ、戦後ずっと使わなかった日本語を、今も流暢に操ることができる幸一さんを見ていると、日本国籍回復を求める日系二世の気持ちは最大限に尊重しなければならないと思うのである。

インタビューを終えた後、幸一さんは近所を案内してくれた。最初に連れていかれたのは小さな川のほとりにある土手に掘られた防空壕で、戦時中につくられたもの。幸一さんもこの中で身を潜めていた時期があるという。

「戦争はゴメンです。たくさんです」

次に自宅近くの慰霊碑にも案内してもらった。戦友会の関係者が慰霊碑を建てたいということで、幸一さんが土地を提供したのだという。

「昨年、総勢四十名ぐらいのフィリピン軍兵士が夜中に突然ここにやってきましてね、この慰霊碑に爆弾が仕掛けられているから調べるというのです。工具を使って大きな穴をあけられました。もちろん何も出てくるわけありませんよ。弁償代ということで三百ペソを置いて立ち去りましたが、怖かったですよ」

その兵士たちは、おそらく財宝探しのためにやってきたと思われる。実は私も取材中、軍人や

戦時中には自宅近くにある防空壕に避難していたという榮幸一さん

警察官から何度か嫌疑をかけられ、「山下財宝を探しに来ているのか？」とか「何か地図を持っていないのか？」と尋ねられたことがある。

日本軍が戦争末期の敗走途中にどこかへ金貨などの所持金を埋めたという類の話が、フィリピンでは戦後七十年もたつというのにまことしやかに言い伝えられているのである。司令官の名前を取って山下財宝とも呼ばれている。

ただし、単なる都市伝説だと一笑に付すことはできない。大本営参謀だった堀栄三が戦後に書き著した『大本営参謀の情報戦記─情報なき国家の悲劇』（文春文庫）によれば、フィリピンで日本軍が物資を調達するための資金として「マル福」と呼ばれた金貨が二万五千枚、日本から秘密裏に送られたことが記されている。この金貨には表に大きく「福」という文字が刻印されていた。

現在でもときおり古銭商などに出まわることがあり、マニアの間で売買されているのは事実のようである。しかし、日本軍は正式にこの「マル福」金貨の存在を認めていないため、この話の真贋はまったくわからない。

最近でも戦友会や慰霊団が建てた慰霊碑などが、内部に財宝を隠しているのではないかと疑われ、破壊されるケースが頻発していた。一獲千金を夢見る男たちの仕業である。幸一さんが屈強な兵士たちに囲まれたのは真夜中であり、生きた心地がしなかったという。

「戦争はゴメンです。もうたくさんです」

妻と娘に宛てた遺書

ダバオからタモガン渓谷へ向かう途中に、カリナンという地区がある。乗り合いのジプニーで一時間ほどの距離である。この小さな街にも戦前にはたくさんの日本人が居住し、日本人学校も開設されていた。

そのカリナンに「フィリピン・日本歴史資料館」という小さな博物館がある。一九九四（平成六）年に日本フィリピンボランティア協会（ＪＰＶＡ）によって設立されたものだ。戦前に撮影された当時の日本人の生活の様子がわかる写真や、アバカ栽培のための機械や民具、それに移民や日系人に関する文献や資料などが保管・展示されている。

入場料を支払うとこれらの資料が自由に閲覧できるため、私のように戦前の日本人の暮らしについての手がかりを探している者にとっては、まさに宝の山といえる。ダバオに滞在中、空いた時間ができると私はジプニーに飛び乗ってここへ通った。

ある日、資料の山の中にうずもれていた遺書を見つけた。日本人移民の父親が愛娘の長女へ宛てたものである。遺書を読むと、当時の日本人移民の家族がどのようなことを考えながら暮らしていたのか、おぼろげながらも理解できるような気がした。少し長くなるがここに全文を引用しておく。

昭和十九年八月二十六日夜

長女　和枝へ

父　橋本茂より

一．汝は日本人なり。故に汝の祖先は天照皇大神にして、汝の主家は皇室なり。汝は天皇のお体に流れる血と同じ一滴の血が汝の体の中に有す。

二．日本人として立派な生活をし、母に孝養を尽くすべし。片時も母と別れるべからず。

三．汝長ずれば一度は必ず父の故郷、東京都西多摩郡戸倉村××番地を訪れよ。

四．汝は日本人なれば、日本語を国語として日常の生活に使用せよ。

五．宗教は自由なるも、母と同じ宗教に入り、汝の身を清らかに守ることに努めよ。ただし、宗教と汝の祖先および主家を尊ぶことを混同すべからず。日本人和枝は天皇に関することは絶対的なるものと心得よ。

六．和枝長ずれば、男子との交際は比島の習慣によるべからず。必ず日本婦道に従うべし。

七．汝の夫は母の意に背かざる者にして、天皇を主家に仰ぐ者たるべし。

八．万一、物質的生活に恵まれざることあろうとも、心は常に豊かに清らかに保て。

九．汝は父の意思を継ぎ、日本と比島との楔となる者たるべし。

十．汝は意義ある一生を送るため、教育はできるだけ高く受けよ。

戦前の日本人の皇室に対する考え方や、現代では死語となってしまっている大和撫子はこうあるべきだという通念が、遺書にはよく表現されていると思う。六番目の箇所は、父親の愛娘に対する心配が如実に溢れており微笑ましい。

遺書はもう一通あって、こちらは橋本の妻ロサリオへ宛てたものである。内容は長女の和枝に宛てたものと大差はない。だが、橋本が妻と家族を深く愛していたことが、妻に宛てた遺書の以下の箇所からうかがい知ることができる。

九．汝と結婚以来、汝および汝の家族を幸せになすこと得ざるして死に臨み、遺憾に思うも、余は汝と常に共に在り、必ず神の慈愛により、汝等が幸福に生き得ることを信ず。

妻ロサリオはおそらくフィリピン人だと思われるが、橋本は国籍や民族の違いを乗り越えて家族を愛し、ここフィリピンでしっかり根を張りながらも、なおかつ日本人としての矜持を保ちながら暮らしていたことが、遺書からはっきりと読み取ることができると思う。

この橋本茂という人は、アバカ栽培における開拓では太田興業株式会社と共にダバオを二分した日本人経営の大会社のひとつ、古川拓殖株式会社の関係者だったことがわかっている。

八．汝もし一身上のことで思案に及ばざることとあれば、比人に相談せず、古川拓殖あるいは大日本帝国政府に懇願し、援助を受けよ。天寿の国、大日本帝国は即ち汝等の父の国にして、同時に汝等の保護者たること疑いなし。

橋本の遺書からは、フィリピン人の妻に対して「比人に相談せず」とあるように、一般のフィリピン人に対してはそれほどの信頼を置いていなかったことがうかがえる。これは武装ゲリラが暗躍していたという時代背景も関係しているのだろう。

それはともかく、橋本は日本という国家と自分が関係する会社に絶大な信頼を置いていたことは、注目に値するかもしれない。事実、国家のほうはともかくとして、先述の『異国のふるさとダバオ』の中でも触れられているように、古川拓殖という会社は日本軍の勧告に従わず、自力でジャングルを切り拓いて要塞を築くことにより、敵の襲撃から社員を守り通した。日本軍と共に逃避行に従った多くの日本人移民とその家族が悲惨な最期を遂げたのと対照的に、古川拓殖という会社は全力で社員を守ったのである。橋本が述べているように信頼に値する会社であったことは間違いない。

敗戦の約一年前にこの遺書がしたためられていることから推測して、橋本はおそらく日本軍に召集されたために家族と決別したのだろう。生きては帰れないという思いから、遺書をしたためたと考えられる。遺書から想像するに、戦前生まれの日系二世は多かれ少なかれ日本人の父親から、日本人は誇り高くあれという教育を受けていたと思われる。

橋本は果たして無事に生還することができたのだろうか。妻のロサリオさんと娘の和枝さんら家族は戦時中、会社や日本という国家によって守られたのだろうか。そして、もし過酷な戦争を生きながらえることができたとしたら、どのような人生を歩んだのだろうか。

日本かフィリピンかの苦渋の選択

「あたしは何があっても名前を変えようとは思わなかった。戦前に生きた父からは、おまえは日本人なのだからとよく聞かされたものでした」

フィリピン・日本歴史資料館があるカリナンに住む山口八重子さんの自宅を訪ねたとき、開口一番、彼女が放った言葉だ。

福岡県出身のヤマグチ・ヨイチがダバオに入植したのは、一九二〇年ごろのことである。移民として十五名ほどの日本人と一緒にダバオに上陸すると、カリナンから五キロほど南にあるタガパン川流域でアバカ栽培に従事した。

タイサ・バゴボという名前のバゴボ族の女性を妻に娶り、二十五ヘクタールの土地を借りてたくさんの現地人労働者を雇う形でアバカ栽培に励んだ。

すでに述べたように、単身でダバオへ移民してきた日本人男性の多くが現地の女性と結婚した背景には、土地所有の問題が大きく絡んでいる。土地を所有しているバゴボ族と姻戚関係を結べば、アバカ栽培に必要な広大な土地を借用することができるからだ。

自分がオーナーとなってアバカ栽培を取り仕切るのと、単なる労働者になるのとでは、肉体の酷使度も収入も天と地ほどの差があることだろう。

ヨイチは男三人、女七人の合計十人の子どもをもうけた。一九二二（大正十一）年生まれの八重子さんは長女である。タガパンよりもダバオ寄りのミンタルという比較的大きな街にある尋常高等小学校へ通った。

自宅からは五キロ以上離れているため、途中まで徒歩で行き、乗り合いの馬車で学校へ通ったという。裸足だった。

このミンタルはもともと「インタル」という名前のバゴボ族の酋長がおさめる土地だったが、太田興業が事業のために買収して「民多瑠」と改名した。将来的にたくさんの人々が住む街になるようにという願いから、そのような字を当てたといわれている。

実際、その後に病院や日本人墓地もできるなど、ミンタルにはたくさんの日本人移民と日系人家族が暮らすようになる。現在、ミンタルの小学校の敷地の一角には、太田恭三郎の功績を称える高さ十メートルにも達する大きな記念碑が、当時のままの姿で残されている。

父親のヨイチはアバカ栽培の事業の傍ら、近くのワガンという小さな街に飲み屋を兼ねる食堂も経営していた。母親と八重子さん姉妹が料理をつくり給仕もする家族経営の店だったという。

「土曜日の夜は、いつもたくさんの日本人が飲みに集まっていました。酔っていい気分になって歌って。にぎやかなものでしたよ」

その建物は現在も残っているということで、八重子さんはインタビューの後にそこへ案内してくれた。木造二階建ての周囲と比べても大きな建物で、現在は空き家になっている。日本人でにぎわっていたという過去の様子を想像しようとしてみたが、固く戸が閉められた板張りの家屋からは寂寥感しか漂ってこなかった。

太平洋戦争の最中に、ミンタル病院で看護師として勤めるようになった。人手が足りないからぜひ来てほしいという依頼を受けたためである。

　戦争が激しくなると、運び込まれる負傷兵の数も増えたが、薬品類がほとんどない状態だった。そのため薬効がありそうな薬草を採取してきて、それを絞った汁を患者に飲ませたりしたという。

「ベッドの上で涙を流している兵隊もいました。いえ、痛くて泣いているのではないんです。日本の父と母に一目会いたいのだと」

　戦争末期になると八重子さんも日本軍への協力を求められ、軍服を繕ったりする仕事に就いた。原田部隊と呼ばれる隊に所属する形だったという。

ミンタル小学校の敷地内に残存しているダバオ発展の功労者、太田恭三郎を顕彰する巨大な記念碑

　幸いなことに八重子さんの家族は、戦争によって誰ひとり命を落とすことはなかった。だが、戦後に収監されたダリアオンの捕虜収容所で、まさに人生の岐路ともなる大きな選択を強いられることになる。

「あたしたち子どもが引き揚げで日本へ行くのか、それともフィリピンに残るのかと収容所で尋ねられたとき、真っ先に母の顔を思い浮かべました。頭の中が真っ白になるというのは、ああいうことを指すんですよね」

八重子さんの母タイサは、家の中では流暢な日本語をしゃべったという。日本人ヨイチと結婚して二十五年もたっているうえ、日本人相手の食堂で働いていたから、それも当然のことかもしれない。

しかし、アポ山麓で暮らす少数民族のバゴボ族として生を受けたタイサは、いくら流暢な日本語を話すといっても日本国籍ではない。日本へ強制送還されるのは日本国籍者のみである。フィリピン人である母親はダバオに残るしか道はないのだ。

ここで、日本への送還あるいは「引き揚げ」について改めて確認しておきたい。日本政府が一九四五（昭和二十）年八月十五日にポツダム宣言を受諾したと同時に、「引き揚げ」の問題が発生した。それは武装解除と同様に、国外に在留している軍人・軍属はすみやかに日本へ帰還しなければならないという国際法上の法的な義務履行の問題である。

敗戦の時点で国外に在留していた日本軍の軍人・軍属の数は約三百五十三万人。だが、問題になったのは、かつての日本軍支配地域に約三百万人の日本人居留民が存在していたことだった。なぜなら国際法では一般居留民の扱いについてはあいまいな記載しかなかったからである。

日本政府は当初、軍人・軍属のみを帰還させようとしていた節がある。実際、外務省は「居留民はできるだけ現地に定着させる方針」という指示を在外公館に出している。焼け野原になった日本へ戻っても、住むための家屋もなければ食料も十分にない場合も想定される。よって、政府がそのような判断を下したのもある程度やむを得なかったことだろう。

翌年になって連合国軍最高司令官総司令部（GHQ）は、日本政府に対して「引き揚げに関する基本指令」を発布した。そのため本格的な引き揚げがようやく開始されることになった。その結果、一九四九（昭和二十四）年末までには約六百二十四万人という史上最大規模の人員輸送がほぼ完遂されたのである。

ここで問題となってくるのが、日系二世の処遇である。なぜなら日系二世がまだ子どもである場合はどのようにすればよいのか。そこで日本政府は以下のように四通りのケースを想定して方針を出した。

両親ともに日本人移民である場合は、子どもも含めて全員が日本へ強制送還となる。そして、日本人移民の父親とフィリピン人の母親から生まれた日系二世の場合、十五歳以上の男子ならば父親と共に強制送還となる。十五歳以上の女子の場合、父親と一緒に日本へ強制送還か、あるいは母親と共にフィリピン残留かを選ぶことができる。日系二世が十五歳未満である場合には、基本的には母親と一緒にフィリピンに残留するが、もし父親が希望すれば日本へ一緒に強制送還も可能となる。

八重子さんの一家は、捕虜収容所内で父親の日本への強制送還を巡って究極の選択を迫られることになった。父親は日本へ強制帰還されるいっぽうで、母親はフィリピンに残る。十人の子どもたちは、ではどのように身を振ればよいのだろう。

敗戦時、八重子さんは二十三歳であった。右の取り決めに従うと、十五歳以上の女子は日本へ行くかフィリピンに残留するかのどちらかを選ばなくてはならない。それは見も知らない日本へ父親と共に行き日本人として生きるか、母親と共にフィリピンに残ってフィリピン人として生きるか、という選択である。

「結局、子どものうち四人が父と一緒に日本へ行き、あたしを含めて六人が母とダバオに残ることになったのです」

八重子さんはなぜ自分がフィリピンに残るほうに入ったのか、どういう取り決めで四人と六人に別れたのか、理由はまったく覚えていないという。長女だった八重子さんはおそらく責任感から母親を残して日本へ行くことができなかったのだろう。

私がフィリピンの残留日本人の問題を調べていたときに、ある人から「戦後、その二世たちは引き揚げ船で帰国できるチャンスがあったのではないでしょうか。日本へ帰還できる道を選ばなかったのは本人なのに、なぜ戦後七十年もたってその問題を蒸し返すのですかね」と言われたことがある。

外務省も厚生労働省もフィリピンに残留する日系二世の総数をある程度は把握しているのに、今もって彼らの日本国籍回復への救済に積極的に乗り出そうという動きはないように思える。日本政府もまた右の人と同じように、戦後処理は引き揚げ船の派遣で終了したという考えなのかもしれない。

だが、想像してみてほしい。八重子さんたちにとって父親は日本人であっても、日本はまだ見たこともない行ったこともない国だ。言葉も習慣も文化も何もかもが異なる国である。いくら父親が一緒だといっても、これまでのフィリピンで過ごした時間をすべて切り捨てて、簡単に船に乗ることができるだろうか。

しかも愛する母親と離別しなければならないのである。すでに成人していた八重子さんならともかく、年端もいかない子どもが自分で決断することができただろうか。

慣れない異国に移民し、ようやく苦労して生活を立てて、子どもたちに囲まれながらの幸せな暮らしを奪ったのは、いったい誰なのか。父親と母親が強制的に引き離されることになったのは、いったい誰のせいなのか。

子どもたちから贈られたという自家用ジプニーの運転席に座る山口八重子さん

民間人である居留日本人の責任でないことだけは確かである。そうだとすれば、当時は判断能力を持たなかった日系二世たちが望むのであれば、最低限日本国籍回復のチャンスを与えるべきではないかと私は強く思う。それらの作業が終了して初めて、戦後処理は完了したといえるのではないだろうか。

「まわりの日系二世たちは戦後、だいたいの人が名前を変えていましたよ。実際、フィリピンの人はハポン（日本人）と聞くだけで相当ピリピリしていましたから。危害を加えられることもあったようです。でも、あたしは戦後もずっと日本名を使い続けました。だってお父さんからもらった大事な名前ですし」

母親のタイサさんは八重子さんに戦後、「早くフィリピン人の夫をもらえ」と急かしたという。国をめちゃくちゃにした日本人に対するフィリピン人の嫌悪感はすさまじく、母親は娘を早くフィリピン人の一員として庇護してもらいたいと考えたのだろう。

フィリピン社会の中で生きていかなくてはならないので、八重子さんは改名しなかったものの日本語を捨てて現地の言葉の習得に励んだ。

八重子さんは二十六歳のときに結婚し、その後七人の子どもに恵まれたが、五人目が生まれたときに初めて「フィリピンに骨を埋めよう」と決心したのだという。それまでは、いつかは父親の祖国・日本で暮らすのだと願い続けてきた。

日系三世となる七人の子どものうち、ひとりはすでにこの世を去ったが、残りの六人は現在全員が日本へ行くことができた。香川県に定住している。八重子さんの自宅のガレージには、子どもたちから贈られたという銀色に塗装された自家用ジプニーが収められている。フロントガラスには大きくＹＡＥＫＯという赤い文字が誇らしげに踊っていた。

漁師として海に生きるスギオさん

ミンダナオ島へ入植した日本人移民のほとんどは、まずダバオへ向かったと考えられるが、その後、ミンダナオ島の各地へと散っていった人たちも少なくないだろう。フィリピンには現在全部で十五カ所の日系人会が組織されているが、そのうちミンダナオ島の各地にはダバオ以外にもサンボアンガやコタバト、イリガン、ジェネラルサントス、カガヤンデオロなど九つの日系人会が活動している。

幼少のころに父親と離別した日系二世の男性がダバオから離れた漁村で暮らしていると聞いて、どのような生活なのか知りたかったので訪ねてみることにした。

ダバオ郊外のエコランドというところからバスは出ていた。目的地はルポンという街である。バスは頻繁に出ているようで、乗り込むとすぐに出発した。車内はガラガラである。

ダバオ湾に沿うように道路は続いており、東へ向かって走る。日本とよく似た田園風景の中に、ヤシの木が何本も青い空に向かって林立している。ときおりそのヤシ畑の合間からちらりと海が見える。ヤシの木陰では水牛が気だるそうに草を食んでいる。

そんな南国の景色にも飽きてきたころ、ダバオから四時間ほどでルポンという小さな港町に着いた。まずはバスターミナルに隣接した市場で腹ごしらえだ。暑さたけなわの昼ごろの市場は人々の姿はまばらである。商品を前にしてからだを投げ出し、昼寝している売り子も多い。

市場の中には何軒かの食堂がある。店先にアルミのトレイに入ったおかずが数品並べられており、好みのものをいくつか指差してテーブルにつくシステムだ。皿に盛ったご飯も一緒に供してくれる。言葉があまりわからない外国人にとっては、指差すだけで済むのでとても助かる。

一年中暑いお国柄のせいだろうか、日本のように熱い料理はほとんど期待できない。ご飯はたいてい冷めかかっているし、おかずも作り置きのものが多い。私の好物は、小さなイカを醤油味で煮込んだやつと、マグロのぶつ切りの刺身。これをスプーンとフォークで食べる。

腹ごしらえを終えてトライシクル（オートバイを改良した幌付きのタクシー）と交渉し、ヤシ林の中を十五分ほど走ってイランガイという小さな集落に着いた。トライシクルのドライバーは、私が訪ねようとしている男性のことを知っているという。ヤシ林の向こうには海がのぞめ、砂浜には小舟が何艘か引き上げられているのが見える。

「アリガト、ゴザイマス」

アポもとらずに突然訪ねていったのだが、その男性スギオ・アントリンさんは私の顔を見つめるなり、片言の日本語を発した。ただしスギオさんが知っている日本語は、このフレーズだけだった。

小屋と呼ぶのは失礼かもしれないが、砂浜に建てられたスギオさんの住居は、そう言い表すのが最も正確なのではないかと思う。支柱以外は割いた竹を組んで壁面が張られ、天井にはヤシの葉がていねいに葺かれている。

部屋は八畳間がふたつほどだろうか。私が招き入れられた部屋は応接間兼居間で、大きなテレビが据付けられていた。外は暑い日差しが照りつけているが、部屋の中は風が通り抜けるせいかとても涼しい。清潔で居心地の良さそうな住居である。

スギオさんはまったく英語を話すことができない。日本よりもはるかに英語教育が進んでいるフィリピンでは、英語を話せないことは教育をあまり受けていないことを意味する。実際、インタビューしてわかったことだが、スギオさんはただの一度も学校へは通ったことがないという。同席している姪がビサヤ語と英語の通訳を買って出てくれた。

父親の名前はカジワラ・アチロウというが、それは母親のマイタ・アントリンさんからそう聞いただけであり、スギオさんには父親に関する記憶が何も残っていない。太平洋戦争が始まった直後、父親のアチロウはダバオでフィリピン人武装ゲリラに襲撃された。スギオさんが六歳のときである。父親はそのまま帰らぬ人になってしまったため、記憶に残っていないのも無理からぬ話かもしれない。

母親のマイタさんから聞いた話では、アチロウは小柄で少し小太りの体形だったという。一九三五（昭和十）年生まれのスギオさんは、戦時中の記憶がいっさい残っていない。もしかしたら父親が虐殺されたことがよほどショックだったのかもしれない。

父親の名前を教えてくれた母親もすでに一九八九（平成元）年に亡くなっているため、父親が日本のどこの出身で生年月日はいつなのか、いつごろフィリピンにやってきたのか、というような身元照会に関する重要な情報は何ひとつ持っていない。もちろん書類などはいっさい残っていない。

なんでもいいから日本に関することを覚えていないだろうか。私がそう促すと、スギオさんは苦笑しながらも一生懸命に記憶をたどり始めた。

「ハジメ、トイコ……」

スギオさんは四男一女の三男として生まれたとのことだ。記憶を絞り出すように発した言葉は、その兄弟たちの名前であった。しかし、戦時中に兄弟は離れ離れになってしまったため、それ以上のことは覚えていないという。

戦後の混乱期、スギオさんは母親と共に親戚のところを転々としながら生きてきた。物心がついたときにはすでに漁師として海に出ていた。

「あ、そうだ、ムラサトという人がいました」

しばらく考え込んでいたスギオさんが突然思い出したように口を開いた。戦時中に近所に住んでいた人で、父と仲が良かったという。そのムラサトには、サチコという同い年くらいの娘がいた。以上がスギオさんの記憶にある「日本」のすべてである。これでは彼を日系二世と認定するのは難しいだろう。私がスギオさんのことを聞きつけたのは、ダバオのフィリピン日系人会に顔を出していたときだった。なんでも自分の日本人としての出自を確認したいと調査を依頼してきたのがスギオさんだったという。

父親の記憶がほとんどないのに、なぜ日本人であることを確認したいと思ったのか。そのあたりの考えを率直に聞かせてほしいと思った。

「そうだねえ、日本にいるだろう親戚に一度でいいから会ってみたいと思ったのさ。それに自分がもし日本国籍を取れたら、子どもらは日本へ出稼ぎに行けるというでしょ。ここにいたら漁師になるしか仕事がないから」

日本国籍回復の話はおそらくスギオさんの子どもか親族に頼まれたため、日系人会へ出向いたのだろう。スギオさん自身は小さいころから母親の手でフィリピン人として育てられたので、彼の中に占める「日本」は実際のところ何もないに等しい。少なくともふだん「日本」や「日本人」を意識することはないのだろう。

スギオさんの日課は、夜明けと同時に全長五メートルほどのバンカーボートで沖に出て、網を

漁師として毎朝バンカーボートで漁に出て生計を立てているスギオ・アントリンさん

仕掛けてタンバンと呼ぶ十五センチほどの魚を獲ることだ。一日に十キロ以上獲れるときもあれば、まったくあたりがない日もあるらしい。獲れた魚は先ほど私が昼食をとったルポンの市場へ運んで売る。

撮影のため、愛用のバンカーボートまで案内してもらった。バンカーボートというのは船体の両側へバランサーが付いた小舟のことをいう。居宅から浜辺のヤシ畑を抜けて五分も歩けば海に出る。驚いたのはスギオさんの足取りが実にしっかりしていることだった。フィリピンの人は歩き方がもっとテレンテレンしている。

スギオさんがキビキビした動作で歩く後ろ姿を見ながら、私は直感的に「ああ、この人はやはり日本人だな」と感じたのである。私が暮らす農村では、こうした背筋がピンと伸びた年配の男性が、てきぱきと仕事を片付ける姿をよく見かける。

私は日系二世の人たちが日本国籍を回復できる一助になればと考えながら取材を続けている。とはいえ、スギオさんのようにフィリピンでしっかりと地に足をつけて生きている人を目の当たりにすると、それが浅はかでおこがましい考えにも思えてくる。彼の一片の曇りもない瞳を見ていると、このまま大地と海のリズムに身を任せながら漁師として暮らすほうがきっと幸せに違いないと確信してしまうのである。

8　ビサヤ諸島の大日本帝国陸軍

パナイ島へのフェリー旅

フィリピンの地図を見ると、最大の面積を有す北部のルソン島と第二の面積を持つ南部のミンダナオ島というふたつの大きな島に挟まれる形で、たくさんの島々が散らばっているのがわかる。島の総数は実に七千百七もあり、そのうち約千の島が有人島である。ちなみに島嶼列島といわれる日本の島の総数は六千八百五十二。フィリピンとほぼ同じだ。人が住む島は四百十八という統計が出ている。

ルソン島とミンダナオ島に挟まれた地域にある島はビサヤ諸島と呼ばれる。日本人にもリゾート地としてよく知られているセブ島をはじめ、砂糖の生産で有名なネグロス島、太平洋戦争末期に日本軍が打ち負かされた「レイテ沖海戦」の舞台となったレイテ島などがある。

ビサヤ諸島には、海が透明で美しいためリゾート開発されているビーチなども多く、世界の海を股にかけるダイバーたちにはよく知られている。

私がこれらの島へ足を運ぼうと思ったのは、日本人移民や日系二世が多く住むルソン島やミン

フィリピン最古の教会のひとつセブ島の
サント・ニーニョ教会

ダナオ島以外にも、戦前に日本人のコミュニティが存在したことを聞きおよんだからである。なかでもパナイ島は、おそらく最も日本人には知られていない島のひとつだ。そうした無名の島に暮らしていた日本人たちの痕跡を探しながら旅をしてみたいと思った。

セブ島の州都セブ・シティは、マニラ、ダバオに次ぐフィリピン第三の大都会である。これまでは日本から空路でマニラへ入国していたが、大韓航空便を使うとセブ・シティへ直接入れることを知り、今回初めて利用してみたのである。

セブ・シティは港のある南部がいわゆるダウンタウンで、昔から栄えた街並みが続くエリアとなる。人通りが絶えず、歴史を感じさせる大きな教会がいくつもある。

一五六五年の建造と伝えられているサント・ニーニョ教会は、フィリピン最古の教会のひとつである。「サント・ニーニョ」とは「幼いイエス」の意。この教会にたくさんの信者が詰めかけているのは、ポルトガル人の探検家でスペイン船によって世界周航中だったフェルディナンド・マゼランがセブ王に贈ったというサント・ニーニョ像が祀られているからだ。

マゼランがセブ島へ上陸したのは一五二一（大永元）年のことである。鉄の鎧や火縄銃などで武装した一団は、上陸と同時に部族長たちへ帰順を求め、キリスト教の布教活動を始めた。その結果、セブ王をはじめかなりの住民が改宗して洗礼を受けたといわれている。フィリピンは実質的にこの年をもって、欧米の植民地になったともいえるだろう。

ところが、セブ・シティと海を挟んだ目と鼻の先にあるマクタン島の王ラプ・ラプは、ヨーロッパ人の配下に入ることを断固として拒否した。このためマゼランらはラプ・ラプ王の征伐のためにマクタン島へ侵攻したが、逆に返り討ちにあってマゼランはこの地で命を落としたのである。

サント・ニーニョ教会のすぐ隣にある六角堂チャペルには「マゼラン・クロス（マゼランの十字架）」が安置されている。これはマゼランがセブ・シティで布教に成功したことを記念して、地面に突き刺した十字架をマメ科の固い木で覆ったものであるとされている。だが、実際にはそのオリジナル部分は紛失あるいは破損されて、現存はしていないらしい。

「マゼラン・クロス」を一目見ようとたくさんの巡礼の人たちが詰めかけていた

次に訪れたのは、海に面した石造りの砦、サン・ペドロ要塞である。マゼランに遅れること約半世紀後の一五六五（永禄八）年、スペイン人のミゲル・ロペス・デ・レガスピはセブ島に到達し、原住民からの攻撃を防御するためにこの地に要塞を築き始めた。

要塞が現在の形になったのは十八世紀に入ってからのことだ。レガスピは初代総督としてフィリピンをスペインの植民地として統治することになる。その後、宗主国はアメリカ、日本と代わったが、フィリピンは植民地として長い間、欧米や日本から搾取され続けることになったのは周知のとおりだ。

サン・ペドロ要塞は、アメリカの支配時代には軍人の兵舎として、また日本の統治の間には捕虜収容所として使用された。

要塞のすぐ前がセブ港の埠頭になっており、ここからビサヤ諸島各地へのフェリーの便が出ている。パナイ島最大の街であるイロイロへ渡る便は週に四便出ていて、トランス・アジアという船会社が運航している。

乗船手続きを終えると夕方六時にフェリーは出港した。私が購入したのはツーリスト・クラスで、指定席の二段ベッドになっている。ほぼ満席のようであった。これより少し安いエコノミー・クラスも二段ベッドであるものの、ベッドは船室内ではなく甲板に並んでいた。

ベッドの上で荷物を広げていると係員がやってきて、シーツを二枚支給してくれた。なかなかサービスもよく、船内やベッドもよく清掃されておりとても清潔だ。食堂は付属していないため、

いつも賑わっているイロイロ市の中央市場

イロイロ市の戦前に日本人経営のバザールが入っていた建物。
壁面には竣工年をあらわす 1922 という数字が書かれている

乗船客は各自がカップラーメンなどを持ち込んでいた。

フェリーは日本で使われていた中古船で、「非常口」という表示がそのまま残っていたり、乗船における注意書きなどが日本語のままで掲示されていた。考えてみれば同じ海洋国家の日本でもフェリーの路線は相当数あり、役目を終えた船はこうしてフィリピンをはじめとするアジア諸国で第二の人生を歩むのだろう。

適度な気持ちのよい揺れのため、いつのまにか熟睡してしまった。朝七時半にイロイロ港に到着。タラップを降りると、すでに熱気を放射し始めている太陽に照らされ、ああ南国に来たのだなとうれしさがこみ上げてきた。

港で待ち構えていたトライシクルに市内中心部に連れていってもらう。州都イロイロの中央市場周辺は大変な活気で、買い物客らでごった返していた。市場はどこもそうだが、早朝が最も賑わう。大きな荷物を抱えた人たちの間を縫うように歩く。市場が生き生きとして活気のある街は例外なく、しばらく滞在していても飽きることがない。私は到着していっぺんにこのパナイ島のことが気に入ってしまった。

イロイロ市内では十九世紀に建てられたモロ教会を筆頭に、古くから拓けたエリアを歩くとスペイン統治時代の建物もちらほら目に付く。郊外まで足を延ばせば、壁面に芸術的なレリーフが残存する世界遺産にも登録されているサント・トマス・デ・ヴィリャヌエバ教会など見所も多い。

マリータ・オカモトさんの涙

私はイロイロに到着後、すぐに「パナイ日比協会」に連絡をとり、事務所を訪問した。代表のセシリア・ザルディヴァーさん他、何人かのスタッフが出迎えてくれ、この島における日系二世の現況を教えていただいた。

イロイロ川と中央市場に挟まれた一角がかつては日本人町として栄えていたという。戦前からの古い石組みの建物が密集しているエリアである。案内してくれた「パナイ日比協会」のスタッフ、ポラス・シルリーさんの話によると、東京バザールや富士バザールと呼ばれていた日系の商店街は、これらの建物の中にあったという。

なるほどダバオで会った日系二世の内田達夫さんから聞いていたとおり、一階の商店街の歩道には大きくアーケードが張り出している。突然のスコールに見舞われても傘なしで歩けるようになっているのが、戦前の日本人町の特徴なのである。アーケードはコンクリート製の頑丈なものだ。

人ごみを掻き分け、キョロキョロしながらまるで時が止まったかのようなアーケード街を歩いていると、歩道上に矢印と共に「OTANI」と大書きされた文字装飾を見つけた。矢印に沿って店の前に立つと、オータニバザールという看板が掛かっているではないか。もしやオータニという日本人の子孫がこの店を引き継いでいるのではないかと、はやる気持ちを抑えながらオーナーを呼んでもらった。

アーケードを歩いていると、歩道に大きく「OTANI」と書かれた文字が残っていた

オーナーの中国人はあいにく不在だということだった。しかし、店員が教えてくれたのは、この店はやはり戦前は日本人の経営だったということである。戦後すぐに店は他人の手に渡った。「オータニバザール」という店の名前を変えずにそのまま使用しているのは、単に合理的な理由からであり、それまでのお得意様に離れてほしくなかったからだそうだ。

戦前のイロイロには五百名ほどの民間の日本人が住み着いていたといわれている。日本から直接やってきた人は少なく、ほとんどがダバオからの再移住組だったようだ。ダバオは一時期、アバカ麻の栽培で空前の好景気にあったが、一九二九（昭和四）年に世界大恐慌が起き、そのあおりを受けてダバオのアバカ麻生産に陰りが見えていた。そのため事業に見切りをつけて、マニラやビサヤ諸島へ渡っていく日本人移民は少なくなかった。そうした一部がここパナイ島へも流れて来ていたのだろう。

日本人移民が集中していたのは、すでに述べたようにルソン島のバギオ周辺とマニラ、それにミンダナオ島のダバオであったが、私はそれら以外の島々で暮らそうと考えた人々の子孫にも会ってみたかった。

セシリアさんとシルリーさんにさっそく連れて行ってもらったのが、パナイ日比協会の事務所からも近いマリータ・オカモトさんの暮らす家。イロイロ市内のモロという地区にある。

マリータさんの家まではトライシクルは入れないとのことなので、住居がごみごみと立て込んだところで車を降り、空き地につけられた踏み跡を数十メートルたどる。磯の香りがした。海がすぐ近くのようだ。

家はいたって簡素なもので、板張りだが、風通しがよさそうな感じで、屋根は波板を乗せただけであった。ガラス窓はなく、明かりとりには木枠に取り付けた板を開け閉めするだけのようである。中へ入ると床は基本的に土間となっており、一部屋のみ板張りになっていた。そこでは癌の手術後の姪っ子さんが横になっていた。土間には、竹を編んでつくった小さなベッドがひとつ置いてある。

マリータさんはあまり記憶も明瞭ではなく、また話の内容も要領を得ないということで、横になっていた姪が通訳として付き添ってくれることになった。しかし、実は最初、マリータさんは私と会うのを嫌がった。インタビューも受けたくないという。

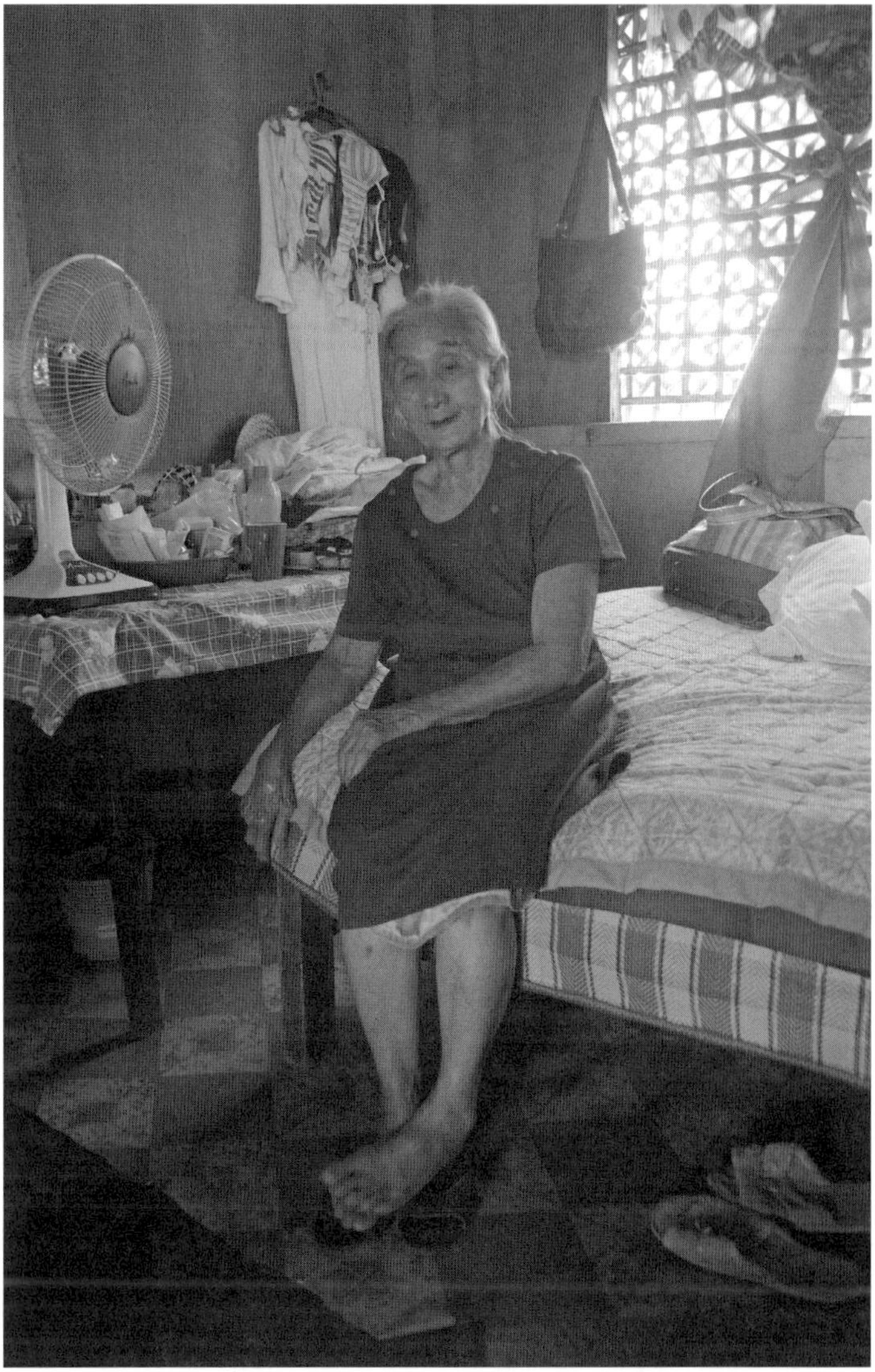

日本人が怖いため最初はインタビューを嫌がった
マリータ・ベルゲラ（オカモト）さん

まわりの人が言うには、彼女の心の中には日本人イコール怖い存在という気持ちが刷り込まれてしまっているらしい。実際、私が挨拶してもしばらくは硬い表情のままだった。

マリータさんはここパナイ島ではなく、同じビサヤ諸島のネグロス島のビクトリアという街で生まれた。一九三〇（昭和五）年のことである。父親の名前はジョナス・オカモト。ジョナスはフィリピン名だ。日本名はわからない。父親がいつごろ日本からやってきたのかもわからない。生年月日も不明だが、ただひとつだけどういうわけか父親が十一月生まれだったことは記憶に残っている。また、マリータさんの姉のアニータさんが「お父さんは広島の出身だよ」と話してくれたことも記憶している。

父親はサトウキビ農園で仕事をしており、鋸をひいて木を切っている姿を覚えているが、それ以外には父親のことはほとんど記憶に残っていない。父親は一九二七（昭和二）年にオビータ・ベルゲラとビクトリアの教会で結婚した。マリータさんが生まれたのはその三年後で、姉と弟がいる。

戦争が始まるとすぐ父親とは離れ離れになった。マリータさんが十一歳のときである。母親から聞いた話では、日本軍に徴用されたとのことだった。マリータさんの兄弟と母親はやがてパナイ島のイロイロ市へ移り住むことになった。父親の消息は以降まったくない。

マリータさんには父親が付けてくれた日本名がある。彼女自身は「シナイ」と記憶しているが、おそらく「シノ」か何かの記憶違いだろう。マリータさんは戦時中、大工をしていたホセという人と結婚。そのときまだ十三歳だったという。

戦時中での暮らしについて尋ねていると、当時の記憶が少しずつ蘇ってきたのだろう、何やらブツブツと独りごとをつぶやいている。私の質問に答えた後、そのブツブツが止まらない。同席しているシルリーさんに何をつぶやいているのか聞いてみると、「あまり意味はないみたいよ。年のせいもあるかしら」とのことだった。

おそらく脈絡のないことを口にしているのだろう。私のインタビューが七十年前の記憶をしまってある扉を開け放ったのだろう、そこに眠ってあった記憶の断片ひとつひとつが、一気にほとばしり出てきたという感じだった。

「もしお父さんの身元が判明して日本へ行くことがかなうときには、お父さんの墓を探し出して訪ねてみたいですか?」と聞くと、マリータさんはポロポロと涙を流した。そして、きっぱりと私に言った。

「いいえ、父は死んでいません。まだどこかで生きていますから」

十一歳で父親と生き別れになった彼女にとっては、父親は永遠に彼女の中で生き続けているのであった。私は、軽はずみなことを口走ってしまったことをおおいに後悔した。

「日本人のことが怖いのです。敵ですから」マリータさんはそういう意味のことも口にした。生き別れになった父親を慕う気持ち。その父親は「敵」である日本人。自分は「敵」である日本人の血を半分受け継いでいる。マリータさんはそのような複雑な感情がゴチャ混ぜになった当時の少女のまま、戦後を過ごしてきたのかもしれなかった。

日本人避難民たちの集団自決

パナイ日比協会代表のセシリア・ザルディヴァーさんたちに今後の取材の相談に乗ってもらっているとき、その場に居合わせた何人かの日系二世の方々から「まずはマアシンへ行かなきゃねえ」とアドバイスを受けた。

そこは日本人避難民らが戦時中に集団自決した場所であるとのことである。取材日程が限られているので、正直なところ私は当初あまり乗り気ではなく、どちらかというと早く他の日系二世の方々にお会いしたかった。だが、スタッフたちが「日本人ならば絶対に見ておくべきだ」と強く主張するので、しぶしぶ従うことにしたのである。

チャーターしたジプニーで北上し、サンタバーバラという村を目指す。イロイロから三十キロほど離れた小さな集落である。イロイロの市街地を離れるとすぐに田園地帯となった。ヤシやサトウキビのプランテーション、それになみなみと水をたたえた水田が広がっている。簡素な小屋のような家がときおり目に入る。楽園があるとすれば、こういう光景を指すのだろうというような美しい田園風景が続く。

水田ではトラクターが耕運する光景を目にすることもあるが、水牛二頭を並べて、その間に木製の鋤を据え付け、昔ながらの方法で田の土を起こし、代掻きの作業(田に水を引き入れて鋤でドロドロにすること)などもこのあたりではまだ一般的なようである。

フィリピンの低地では米は二期作で、一年に二回収穫できる。そのため、畦《あぜ》で区切られた田んぼごとに稲の生育の度合いが異なっている。まだ田植えをしたばかりで苗がひょろひょろした田もあれば、収穫を待つばかりに穂が黄金色に輝いている田もある。日本では、九州の南部以外ではあまり見られない光景だ。

そんな田園風景を眺めているうち、あっという間にサンタバーバラに到着した。この小さな村に住む日系二世を、この日は訪ねることになっている。しかし、その前にまずマアシンという場所を訪れなくてはならない。

マアシンはサンタバーバラからさらに二十キロほど悪路を走らなければならなかった。集団自決の場所と聞いているので、なんだか気持ちは落ち着かない。

マアシンの山中にひっそりと建つ戦時中に集団自決した日本人のための慰霊碑

未舗装の道路には樹木が覆いかぶさるように張り出しており、ジプニーはときおりせり出した樹皮を車体にこすりつけながら山の奥へ奥へと突き進んでいく。ところどころ樹木が伐採され煙が上がっている。焼畑である。農民が水牛を使って耕していた。サトウキビを植えるのだという。

道路は行き止まりとなり、ここから二百メートルほど山道を歩いて登る。道はよく整備されている。山の斜面がそこだけぽっかりと切り拓かれたところがあり、樹木に囲まれるようにして聖母子像を戴いた慰霊碑があった。

「戦時中に集団自決があったといわれている場所です。一九七四（昭和四十九）年に行われた遺骨収集事業で、このあたりから百五十人分の遺骨が発掘されたということです」

セシリアさんの説明によると、掘り出された遺骨は当時、イロイロ市の西にあるオトンと呼ばれる町の海岸に運ばれて荼毘《だび》に付されたという。その灰の一部がこの慰霊碑の下に埋葬されている。なおオトンという海岸は、戦争末期の一九四五年に米軍が再上陸した地点のすぐ近くである。

しんと静まり返った森の中にいると、空高く伸びた周囲のヤシの木や竹が風もないのに擦れて、ミシミシと音を立てているのが耳に入ってくる。その音がけっこう怖い。

日本軍が総崩れの様相を呈し始めた一九四五年三月。米軍上陸の報せを受けたイロイロの日本人居留民約百五十人は、山中へ撤退する日本軍兵士二千人と運命を共にすることに決め、深夜に行軍を開始したという。

ところが、日本人居留民の中には女性や子どもも多数含まれていたため、行軍を開始して三日後、マアシンの山中に達したところで「軍隊の足手まといになるから一般市民は死のう」ということになり、集団自決という悲惨な道を選んだ。

兵士から手榴弾を受け取った母親は、子どもを道連れにして信管に点火した。あるいは、銃剣で一突きにするよう兵士に依頼する者もいたという。凄惨と言ってしまえばそれまでだ。しかし、集団自決に追い込まれる心理というのは、おそらくその場にいた者ではないと、とうてい理解はできないものなのだろう。

私は後日、この現場付近に当時居合わせたと思われる人物と会って、直接話を聞く機会があった。「居合わせたと思われる」と書くのは、当時の命からがらの逃避行の中で、正確な日時や場所を検証することはほぼ不可能に近いからである。

戦後になって再びフィリピンへ戻ったロベルト・ナカヤさん

その「集団自決の現場に居合わせたと思われる人」とは、ロベルト・ナカヤさんである。ヒロシという日本名を持つロベルトさんは、パナイ島の北海岸にあるカリボという小さな町で暮らしている日系二世で、パナイ日比協会のセシリアさんの実弟にあたる。ロベルトさんとセシリアさんの父親は、岐阜県出身の中屋兵四郎であることがわかっている。

一八九〇(明治二十三)年生まれの兵四郎がいつごろフィリピンに移民してきたのか定かではないが、マニラの最高裁判所に所属する判事の運転手をしていたという。そのときにカリボ出身のペラヒア・シプリアノさんと知り合い結婚、ふたりでカリボへ移り住み鍛冶屋を経営していた。

戦争が始まると、兵四郎は日本軍の通訳をしていたという。

戦争が激しくなってきたころ、兵四郎はロベルトさんと兄のゴイチのふたりの子どもを連れて日本軍と行動を共にし、山道を通ってイロイロへ向かった。このころフィリピン各地では米軍が再上陸したため、日本軍は敗走を強いられていた。その途中での出来事だ。

「バゴという街を通りかかったときのことです。兵隊が騒いで駆け出して行ったのです。そして、教会に乱入するや火を放ち、そこらのフィリピン人を次々と虐殺し始めました。兵隊らの目は完全にイッテましたよ」

ロベルトさんが思うに、日本の占領中、バゴの人らがあまり自分たちの言いつけを聞かなかったから報復のつもりだったのではないかという。いずれにせよ敗走する日本軍が殺気立ち、尋常ではない精神状態であったことが見てとれる。日本軍の部隊はイロイロへ到着したものの、米軍がすでに上陸して支配下に置いたということを聞き、来た道を再び戻ることになった。

「日本軍の兵士たちはみんなで数百人ぐらいだったと思います。そして、イロイロから再び山道を越えてカリボ方面へ向かう段になって、現地に在留している一般の日本人の家族も合流してきたのです。ええ、女性も子どもも大勢混じっていました」

しばらく間を置いて、ロベルトさんは、

「戦争なんてするものじゃないよ。亡くなった人の苦しみというのは、他人じゃ絶対に理解できないのだから」

と、独り言のようにつぶやいた。

「マアシン付近で潜んでいたとき、兄のゴイチが手榴弾で大怪我をしたと伝え聞いたんです。そのとき自分は父と一緒で、兄とは別行動をとっていました。それで現場に急行してみると、もう息も絶え絶えでした。行軍は続いていたから、兄とはそれきりになってしまいました」

日本軍兵士たちからはその後、兄のゴイチはもはや歩くことも動くこともできなくなってしまっていたから、きっと自害したのだろうと言われた。しかし、ロベルトさんは信じることができなかった。きっと行軍の足手まといになったから兵士に殺されたに違いないと思ったという。このとき一九二八（昭和三）年生まれのロベルトさんは十七歳だった。

「戦争なんてするものじゃないよ。亡くなった人の苦しみというのは他人じゃ絶対に理解できないのだから」と、ロベルトさんは先ほどと同じセリフを繰り返した。

山中での逃避行では、ネコなどの動物を捕まえては焼いて食べたという。半自生しているバナナやヤムイモはわりと簡単に手に入った。住民が去ったあとの集落の家から盗んだ塩が重宝した。

戦後はイロイロにあった米軍の捕虜収容所に収容された。父親の兵四郎と一緒だったが、敗戦の年の十月に父のみが日本へ送還となった。ロベルトさんはそれに遅れること二カ月、引き揚げ船でマニラから横須賀へ向かう。母親と他の兄弟たちはカリボに残った。

船が横須賀港へ着岸したとき、雪が舞っていた。初めて目にする雪景色だった。

「おおっ、いくらでもハロハロがつくれるぞ」と、ロベルトさんは思ったという。ハロハロというのはフィリピン式のかき氷のことで、南国のフルーツがどっさりと盛ってある。

「船が到着すると、身なりがぼろぼろの物乞いの子どもたちがわらわらと群がってきましてね。いくら父の祖国とはいえ、こりゃあ大変なところに来たものだと後悔したものです。支給されていた自分用の食べものの残りをその子どもたちにあげようとしたら、見張りの米兵から叱られましてね」

父親の兵四郎は、すでに日本の土を踏んでいるはずだが、ロベルトさんには調べる術がなかった。しかし、とにかく毎日を食いつながなくてはならないため、仕事があると聞けばなんでもやった。ほとんどは肉体労働だったが、なかでも一番つらかったのは墓地で働いたときだ。穴を掘り、死体を埋める仕事。これは肉体的にも精神的にもきつかったという。

でも、一生懸命やっていたら、「あなたはサボらないでよく働くなあ。駄賃にこれをあげよう」とアメリカの軍人に新品の毛布をもらった。ひとりぼっちだったから、自分を認めてくれたことがことの他うれしかった。

のちに結婚することになる女性と出会ったのは、こうしてしゃにむに働いていたころである。横浜の伊勢崎町付近は焼け野原となっており、トタン板などを拾ってきて、それでバラックの家を建てて住んだ。手足を失った傷痍軍人がそこかしこに目に付いたことを覚えている。

父親に再会することができたのは、日本に引き揚げて丸三年がたったころである。兵四郎は郷里の岐阜に戻り、畳職人として働いていた。しかし、フィリピンに長く暮らしていたこともあって、日本ではどこか居場所がないような感じで、仕事も思うようにはいかなかったようだ。しきりにフィリピンへ戻りたがっていた。フィリピンには残してきた愛すべき妻子がいる。

現在の日本とフィリピンの関係からは想像もできないだろうが、戦後しばらくはフィリピンでは反日感情がすさまじく悪かった。日本による占領が結果的にフィリピンの独立につながったという点は否定できない。とはいえ、戦時中にフィリピンの人たちに行った日本軍の蛮行はとうてい許されるものではなく、日本という国や日本人に対する嫌悪感は想像を絶するものがあった。

兵四郎は大使館を通じて大統領や有力者にフィリピンへ戻りたい旨の手紙を書き続けた。また、カリボに残してきた妻も近所の人たちから署名を集めたり、役所へ直訴したりした結果、一九五

フィリピンのカリボへ戻ってからは闘鶏用のニワトリを飼育する事業を興した
ロベルト（ヒロシ）・ナカヤさん

七（昭和三十二）年にようやくフィリピンへ戻ることが許されたのである。兵四郎は日本で生まれたものの、心を寄せることのできる真の故郷は家族のいるフィリピンであったということだろう。

ロベルトさんはその後、横浜で事業を興し、それなりに成功した。しかし、彼にとっても真の故郷はフィリピンであったのだろう。ロベルトさんは父に遅れること二十七年、一九八四（昭和五十九）年に、骨を埋めるつもりで生まれ故郷のカリボへ戻った。日系人として珍しいケースだといえるだろう。

話をマアシンに戻そう。遺骨収集事業によって百五十柱の遺骨が発掘されたものの、日本政府による遺骨収集事業はまだ継続中である。戦後七十年以上が経過しているというのに、日本ではなぜ戦時中に亡くなった日本人の遺骨の帰還が進まないのだろう。

山中の洞窟にて発掘されたばかりの日本軍兵士の遺骨。
レイテ島にて

厚生労働省の発表では、太平洋戦争中に海外で戦死した軍人・軍属それに民間人を合わせた総計は約二百四十万人。そのうち、これまで遺骨が帰還できたのは百二十七万柱。つまり、いまだ百十三万柱の遺骨が日本へ戻っていないことになる。軍艦に搭乗中など海上で死亡した人員の数は約三十万柱あり、これは収集が不可能だから、実際にはその数を差し引いた約八十三万柱が未帰還ということになる。

このうち約三十七万柱がフィリピンにはいまだ埋もれていることがわかっている。フィリピンにおける戦没者数は五十一万八千人だから、おおざっぱに見積もってまだ遺骨の約六割が収集できていない計算になる。

遅々と進まない遺骨収集に対して、日本政府は二〇〇九（平成二十一）年から民間のNPO法人へ事業委託を開始した。だが、これがとんでもない騒動を巻き起こすことになったのは記憶に新しい。

事業委託されたNPO法人「空援隊」という組織が同年、七千七百四十柱の遺骨をフィリピンで収集したと発表した。ところが、日本人とはまったく関係のない人骨が多数含まれているのではないかという疑いが浮上したのである。その疑いとは、遺骨提供者に現金を支払ったため、人骨を持っていけば金をもらえると、フィリピン人の墓を暴く不届き者が現れたのではないかというものである。例年なら千柱前後しか収集できていなかったのに、それが一気に七倍も八倍も見つかることは常識的に考えておかしい。

この問題をＮＨＫが翌年に追及したこともあり、厚生労働省はこの委託事業をいったん見直さざるを得なくなった（その後、厚生労働省はこの問題を検証した結果、そのような事実はないという公式見解を出している）。

二〇一六（平成二十八）年からは議員立法でつくられた「戦後遺骨収集推進法」が施行された。これは日本政府の取り組みがあまりにも遅れているため、法によって国の責務であることを明記することにより、もうこれ以上問題を先送りさせないためである。

誤解している人も多いが、これまで祖国へ帰還できた遺骨の七割以上は、日本遺族会や民間団体、個人によって持ち帰られたものであり、日本政府が本腰を入れて収集事業を実施したのでないことは明らかだ。この推進法の制定によって遺骨収集が一刻も早く進展することを望むが、これまで七十年以上かけてできなかったことが急に進捗するとは残念ながら思えない。

日本政府と比較すると、こと軍人の殉職者に対する扱いに関しては、アメリカの対応には素晴らしいものがある。世界各地で戦争に介入するアメリカという国を私個人は好きではないが、彼らの自国の軍隊に対する姿勢や処遇には、なるほどと思わされるものがある。

マニラ郊外のフォート・ボニファシオには、アメリカ陸軍記念墓地がある。東京ドーム十三個分あるという広大な墓地の敷地内はきれいに芝生が刈りこまれており、手入れがよくされているなという印象を受ける。その芝生には高さ一メートルほどの白い十字架のモニュメントが見渡す

マニラ郊外の高層ビル群に囲まれるように美しく整備されたアメリカ陸軍記念墓地がある

限り整然と並んでいる。フィリピンで戦死した軍人の一人ひとりの名前がそこには刻まれている。この墓地には約一万七千柱の遺骨が眠っているという。

遺体が母国に移送された人は、慰霊碑に刻まれた名前の上に丸印が付けられている。そこまで徹底的に殉職者は管理され、異国の地でありながら手厚く祀られているのである。

戦争は国家の名において遂行されるものだ。だから、国家の名のもとに名誉をかけて戦った軍人は、当然殉職したら国家によってていねいに祀られるべきである。アメリカはたしかに好戦的な国家ではあるけれど、自分たちの名誉をかけて戦ってくれる軍人に対しては、最大限の責任と尊敬を持って接しているのがこの墓地からも伝わってくる。

対する日本はどうなのだろうか。国家の名誉をかけて戦ってくれた軍人の一人ひとりに対して、最大限の責任と尊敬をもって接しているだろうか。日本政府の遺骨収集に対する責任放棄の姿勢を目の当たりにすると、とてもそのようには思えない。そして、そのような日本という国の姿勢が、そのまま日系二世が抱える問題とつながっているように思えて仕方がない。

両親がともに日本人なのに、日本人と認定されないはなぜなのか

マアシンからサンタバーバラに戻り、街外れに住む日系二世を訪ねることにした。サルバション・ソラシートさん。二世とはいっても両親は日本人で、本名は宮里千鶴子さんという。

ジプニーでは家に到達できないとのことなので、トライシクルに乗り換えて、脇の小道へ入る。なるほどトライシクルがやっと通れるほどの踏み跡のような狭い山道だ。沿道のところどころには森を切り拓いてつくられた小さな田んぼが点在している。

勾配が急になり、竹林に覆われたあまり日の射さない薄暗くじめじめした斜面に、千鶴子さん一家が暮らす家があった。竹を組んでつくった見るからに簡素な家である。

招かれて正面の戸口から入ると床はすべて土間であり、そこから一段高く組まれた居間には細かく割いた竹が敷き詰められている。ここで夫と子どもたちを合わせて、家族五人が暮らしているのだという。

両親は沖縄県国頭郡《くにがみぐん》伊江村《いえそん》（伊江島）の出身で、父親の宮里徳盛は母親のウタ、長男の清彦と一緒に、一九三六（昭和十一）年頃にフィリピンへ移り住んだと思われる。というのは、その年にパスポート（当時は旅券といった）を取得した記録が残されているからだ。父親の徳盛は一九一三（大正二）年の生まれである。

千鶴子さんには両親についての記憶はいっさいない。生後すぐに母のウタが亡くなり、父の徳

盛さんは日本軍のもとで働くため家を出たからだ。両親はフィリピンへ来た当初はパナイ島で魚の行商をしていたことがわかっている。というのは、後になって、千鶴子さんの育ての親であるフィリピン人のローデス・ディヴィナグラシアが、両親についての思い出を語ってくれたから記憶に残っているのだという。千鶴子さんはローデスのことを「ママ・ウディン」と呼んで慕っていた。

ローデスは宮里家の家政婦として働いていた。戦後、両親を亡くした千鶴子さんら孤児を引き取って育ててくれた、いわば「育ての親」である。父の徳盛はその後の調べで、終戦の年の四月にセブ島で戦死したことが明らかになっている。

「小学校は三年のときに中退したきりですね。すぐに働きに出て、ベビーシッターや掃除人夫として働き、養母を助けてきました。よくハポン、ハポン（日本人）と言われてからかわれましたよ」

千鶴子さんは一九六二（昭和三十七）年に結婚したが、夫は小作農であり、田畑を所有していないこともあり、暮らし向きは現在に至るまで苦しいままだ。家の周囲が鬱蒼とした竹林なのは、これを切り出して椅子やテーブルを製作し、市場や商店に置いてもらって販売するためである。

「家の裏手には切り拓かれた田んぼがあるのですが、五十キロの袋に三俵ぐらい収穫できます。年に二度とれますから三百キロといったところですか。家族五人でカツカツの生活ですよ。日本国籍が回復できれば子どもたちは出稼ぎに行けるので、なんとかこの生活から抜け出せると思うのです」

両親が日本人であることがわかっている千鶴子さんなのに、なぜ日本国籍を回復できずにいるのか。実は千鶴子さんの出生記録はフィリピンにちゃんと残されている。マニラの日本総領事館に当時の「身分届目録」が保管されており、そこに彼女の名前が記載されていたのである。おそらく父の徳盛がマニラへ出向いて手続きをしたのだろう。この時点で日本人としての身分が確定できたはずである。

しかし、事はそう簡単には進まなかった。フィリピンの役所にも出生証明書が残っていた。そこにはどういうわけか「千鶴子」ではなく「セツコ」と記され、さらには出生日が一九四二（昭和十七）年六月になっていた。マニラの日本総領事館に残されている身分届目録に記された出生日は、一九四〇（昭和十五）年七月である。

異なる別の日本名が記載され、さらに生年月日に約二年のズレがある。これはいったいどうしたことだろう。いずれにしても、こうした書類上の食い違いがあるため、千鶴子さんが日本国籍を所持していることを証明することができないのであった。

考えられることは、千鶴子さんには兄と姉がいたが、出生証明書に記載されている「セツコ」は妹であった可能性が高い。おそらく「セツコ」は生後すぐに母親のウタと共に亡くなったのではないだろうか。時期的にすでに日本による占領下にあり、父親の徳盛は日本軍と行動を共にしていただろうから、何か事務手続き上の不備や混同が当時あったのだと思われる。

私が千鶴子さんを取材したのは二〇一二（平成二十四）年のことであるが、そのとき彼女は非常に疲れた様子に見えた。戸籍を新たに作成する就籍の手続きがうまく進捗しないのだと嘆いていた。

何度も繰り返すことになるが、戸籍や出生届、婚姻届けなどの確認にしろ、新たに戸籍を作成する就籍の手続きにしろ、必要になるのはそれを証明する公的な書類の存在である。この場合、口頭で説明する証言や自らが書きおこした身上書などは、あくまでも参考資料にしかならない。

しかし、戦時中の混乱期に赤ん坊や子どもであった二世に、それを提示しなさいと要求するのはいかがなものか。戦場となったフィリピンにおいて七十数年前の書類が無傷で残っているほうが奇跡だろう。日本国籍であることを証明する書類を探して提出しなさいという日本政府が繰り返す原則や主張が、血の通った対応であるとは私にはとうてい思えないのである。

千鶴子さんの就籍手続きは、パナイ日比協会経由で日本のNPOであるPNLSCがその後も粘り強く進めた結果、翌年の二〇一三（平成二十五）年に就籍が認められた。私は日本でその報せに接したとき、思わず手を叩いたものである。

日本国籍を回復できたことで、千鶴子さんの子どもたちは日本へ出稼ぎに行けることになった。彼らがすぐに日本という異質の国に順応して生活していくことができるのかどうかは私にはわからないし、果たしてそのことが彼女の一家にとって幸せかどうか判断もつかない。けれども、結局その人の人生はその人自身が決めることである。選択肢が大きく広がったという点だけでも、彼女の日本国籍回復は意味があったと思う。

「残留日本人の就籍については、これまでほとんど前例というものがありませんから、裁判官も判断がなかなか難しいようです。参考になる判例がないのですから。就籍申し立ては家庭裁判

日本人であることが認められなかった宮里千鶴子さんは
竹でつくられた質素な家に暮らしていたが、その後就籍が認められた

所に申請することになるのですが、証拠不十分で却下されることもありますし、わりとすんなり通ることもあるのが現状ですね」

PNLSC事務局の猪俣さんによると、どのくらいの証拠書類が必要なのかは裁判官によっても基準が違うし、ケースバイケースなので一概には言えないのが難しい点なのだという。

「愛国の花」を歌唱していたフィリピン人の母

千鶴子さん宅を辞して翌朝向かったのが、イロイロ市の北東七十六キロの地点にあるサンラファエルというこじんまりとした街。ここに身元のはっきりしない日系二世が居住していると教えられたからである。サンラファエルは低い山並みに囲まれたところで、谷筋には傾斜の緩い棚田が連続している。そこだけ見るとかつての日本の農村の光景とよく似ており、日本にいるような錯覚をおこすが、畔や小道にはバナナやココナッツの木が植えられている。

その人、ノナ・ドミンゴさんが住む家は街道筋にあるためすぐに見つかった。家の中へ招き入れられると、タイル貼りの床が足裏にひんやりとして気持ちがよい。必要最小限の家具に囲まれた居間は清潔に掃き清められている。質素であるが、いわゆる貧しさとは無縁の暮らしに見える。ノナさんの他に、近所に住む母親の妹にあたるアリシア・サンギネスさんも駆けつけてくれていた。母親のパトリシア・エスカロナはとうの昔に亡くなったという。

「あたしは日本の歌が唄えるんですよ」

一九三三（昭和八）年生まれの叔母のアリシアさんは鮮明に戦時中の様子を記憶しており、インタビューでは英語が話せないノナさんに代わって、ほとんどひとりでしゃべった。通っていた小学校には日本人教師がおり、児童みんなで日本の歌を唄うこともあった。また後述するが、姉にあたるパトリシアが日本軍兵士らと親交があったため、日本の歌にはなじみがあった。

インタビューの最中に歌ってくれた曲はふたつあり、どちらも私には初めて耳にするものだった。帰国してから調べてみたら、ひとつは「愛国の花」という歌で、戦前に渡辺はま子という歌手が唄ってヒットしたものだとわかった。もう一曲はわからなかった。歌詞からは戦時中の日本人の考え方や暮らしの様子をうかがい知ることができるので、以下に紹介しておきたい。

「愛国の花」

真白き富士の気高さを
心の強い盾として
御国《みくに》につくす女等《おみなら》は
輝く御代《みよ》の山桜
地に咲き匂う国の花

太平洋戦争に突入する直前の時代、銃後を守る女性の想いを綴った歌である。山桜は当時、愛国心の象徴とされていた花だ。「散りぎわのよい潔さ」を山桜からは連想できるのだという。

私たちの世代にとって、パッと散ってしまうような命の投げ出し方のどこが潔いのか理解することは難しいが、戦時中はとにかくそういう時代だったのだろう。

ノナさんが終戦の年の一月に生まれたとき、すでに父親のノナカ・ジュデイチはいなかった。ノナさんの出生に関する日本語の登記はいっさい存在しないが、フィリピンの役所には出生記録が残っている。そこに記載されている「ジュデイチ」という表記はおそらく間違っているものと思われる。実際は「ジュウイチ」だったのだろうか、それとも「フデイチ」だったのだろうか。いずれにしても父親の戸籍が見つかっていないため、確かめることはできない。

「みんなは、キャプテン・ノナカと親しみを込めて呼んでいました。キャプテン・ノナカは日本の若い兵隊さんたちの面倒見がとてもよかったため、毎日のように何人かの兵隊が我が家へ遊びに来ていました」と、アリシアさんは懐かしむような感じで話した。

キャプテンと呼ばれていたからには、ノナカは日本軍に属する軍人だったのだろうか。それとも軍属や通訳のような立場の日本人移民一世だったのだろうか。当時の書類はおろか写真などもまったく残されていないので、そのあたりの真相は闇に包まれたままだ。

子どもだったアリシアさんは、彼ら日本兵が手土産に持参する米や砂糖などがいつも楽しみだったという。当時アリシアさん一家はパナイ島ではなく、ネグロス島の州都バコロドで暮らしていた。

ノナさんの母親パトリシアさんは別の軍人である「キャプテン・ミナ」と呼ばれていた日本兵の手伝いの仕事をしていた関係で、日本語に堪能だったという。「ミナ」とは、「ミナミ」か「ミナミノ」を省略した呼び名だろうか。別の軍人であるノナカとはおそらくその縁で知り合ったの

サンラファエルの町に暮らすノナ・ドミンゴ（ノナカ）さんの
「ノナ」という名前は母親が「ノナカ」を偲んで付けた

だろう。

ふたりの間にできた、ただひとりの子どもがノナさんである。彼女が生まれたときすでに父親の姿はなく、母親のパトリシアさんがノナカを偲んで子どもに「ノナ」と名付けたのは想像に難くない。キャプテン・ノナカとパトリシアさんが正式に結婚していたのか事実婚だったのかはわからない。

戦局が押し迫った一九四四（昭和十九）年秋ごろ、キャプテン・ノナカは肩を撃たれて負傷し、病院へ搬送された。パトリシアさんが病院へ見舞いに行った直後、戦局は急激に悪化し、バコロドに在留していた日本人は全員が北方にあるシライという街の方角へ逃げることになり、キャプテン・ノナカとはそれきりになってしまった。

私はその後、ネグロス島への取材・調査のため訪れた際に、バコロドに住むセルサ・ヤップさん（日本名は高原君子）とハツコ・ヴィダルさんというふたりの日系二世の女性にお会いして、バコロドに駐留していた日本軍の当時の敗走の様子を詳しく聞き取ることができた。

それによると、在留日本人は日本軍兵士に守られながら、シライからさらに山奥へ向かって歩き続けたという。逃避行は数カ月間続いた。

兵隊たちはどこで補給しているのかかなりの食料を携帯しており、一般在留市民へも支給してくれたという。ハツコさんは日本の兵隊からヘルメットを借りて、そこへ籾付きの米を入れ、石で叩いて脱穀したことをよく覚えている。

皆で協力して木を伐り、小屋掛けをして、屋根にはバナナの葉を葺いて風雨から身を守った。

それでも山中での行軍は野宿同然であることには変わりなく、逃避行の最中に体力や経験のない在留日本人は、次々と落伍して亡くなっていった。

逃避行が長引くにつれ、日本兵たちは次第に足手まといになりつつある一般市民の日本人家族を迷惑がるようになっていったという。なかには、はっきりと「切腹せよ」と口にする者さえいた。

ハッコさんの父親ムロナガ・ケンタロウはフィリピンへ移民した後、クリスチャンに改宗していたため、「自分は宗教上の教えからも、ハラキリをすることはできない」と家族に告げ、これ以上日本軍と行動を共にすることは危険だと考えるようになっていった。

そして、家族全員でこの逃避行から離脱。カディスという街を目指した。

「自分たち家族が戦時中、誰も命を落とさなかったのは父親の判断のおかげだと思っています」

ハッコさんはきっぱりとそう言い切った。父親のケンタロウは、カディスでフィリピン人武装ゲリラが日本人狩りを行っているという情報をすばやくキャッチしたため、もうこれまでだと観念して直接アメリカ軍に投降した。アメリカ軍は投降の意思がある者に対しては、残虐な行為は働かないと現地住民から耳にしていたからだ。

バコロドでは州刑務所が日本人捕虜収容所として使われており、ハッコさん家族はそこに収容された。その後、父親のケンタロウのみがレイテ島の収容所へ移送され、家族は離《はな》れ離《ばな》れになった。

ケンタロウがひとり日本へ強制送還されて生まれ故郷の佐賀県へ帰還したことをハッコさんが知ったのは、戦後もずいぶんと時間がたってからのことである。

パナイ島のマアシンのような集団自決事件が、ネグロス島でも起きたかどうかはわからない。

しかし、日本軍兵士の口から切腹を促す言葉が出ていたことを考えると、あながちまったくなかったとは言い切れないだろうと思う。異国の地で追い詰められた者がどのような精神状態に陥るのか、それは現場にいた者でないととうてい理解することは不可能だろう。

「愛国の花」を唄ってくれたノナさんの叔母アリシアさんは、いつも若い兵隊がたむろしていたキャプテン・ノナカの家で若妻らしく忙しそうに台所で立ちまわって料理をつくっていた姉パトリシアの姿をよく覚えている。

パトリシアは日本語が堪能なうえ日本の歌もたくさん知っていたので、若い兵隊たちはいつも故郷の歌を唄ってくれとせがんでいた。

「まだ二十歳になるかならないかの若い兵隊さんがあるときしみじみと語ってくれたことがあります。今でもそのときの会話をふと思い出すときがあるのですよ。あの人はその後、どうなってしまったのでしょうかねぇ」

アリシアさんは七十年以上も前に交わした会話が、よほど印象に残っていたのだろう。その若い兵隊の言葉は、戦争の本質というものを実に的確に表現した含蓄に富むものだ。

「僕が大日本帝国陸軍に憧れて軍人になったのは、鬼畜米英という日本を脅かす憎き敵と戦うためでした。でも、連れられて来たここはアメリカでもイギリスでもなく、なぜかフィリピンなのです。あなたがたのような親切で美しい姉妹が普通に暮らしているところなのです。でも、フィリピン人には気をつけろ、フィリピン人のゲリラと戦え、と上官には言われます。自分はいったいこの平和な場所で誰を相手に戦っているのだろうか。僕にはまるでわからないのですよ」

9章　マンゴーの島で待ち続けた妻

日本人移民一世の妻ウルボナさんと福岡県直方市をつなぐ糸

日系二世たちの取材を続けるうち、できることなら日本からの直接の移民である彼らの父親（一世）にも、話を聞いてみたいものだと思った。

どのような動機で日本を出国し、なぜ渡航先にフィリピンを選んだのか。渡航費用はどう工面したのか。船旅のルートは。そして、フィリピンに着いたときの感想は。

仕事はすぐに見つかったのか。関わりを持った他の日本人はどういう人たちだったのか。言葉はどうしたのか。結婚相手はどのようにして見つけたのか。実際の暮らしは日本と比べるとどうだったのか。

尋ねてみたいことは山のようにある。アメリカが支配していたところに日本軍が上陸して占領し、その日を境にフィリピンは突然、日本になった。そのとき日本人移民たちは何を思ったのだろうか。外地にいるのに戦時体制に組み込まれ、軍属や通訳として日本軍と行動を共にすることに対して何を思ったのか。それまで仲良くしていたアメリカ人やフィリピン人が敵になってしまったことに対して、何か思うことはなかったのか。

しかし、それはすでにかなわぬ夢である。私がフィリピンにおける残留日本人の問題を知って取材・調査を開始したときは、時すでに遅しで、戦前に移民として入植した一世はすでにほぼ全員が鬼籍に入られていた。一九三〇年代にたとえ若くして移民してきたとしても、私が取材に取り掛かったときには、もし生きていたとして百歳を超えているはずだった。

全土をくまなく探せば、百歳を過ぎても当時の記憶が鮮明な一世がもしかしたらどこかに健在だったかもしれない。だが、そうした人に巡り会えるのは、やはり現実的ではなかった。十五年、いや十年この問題に取り組むのが遅かった、と悔やまれた。

ところが、日本から移民した男性と結婚したフィリピン人の妻の中で、まだご存命の方がおられるという情報がもたらされた。そのとき、是が非でも探し出して会いに行かなくてはと私の胸が高鳴った。

その一世妻もおそらく相当にご高齢だろうが、いま会っておかないと戦前の日本人移民にまつわる記憶の一部がすっぽりと抜け落ちてしまうだろう。一世妻はきっと子どもの二世とは違った視点で、自分の伴侶を見ていたはずだ。彼女たちの生の証言は、どんな歴史書よりも価値があると思われた。

ルソン島北部のバギオからバスに揺られて、西岸の南シナ海に面するサンフェルナンド（ラ・ウニオン）を目指した。今回の取材では通訳として雇ったガビ君という大学生も一緒である。フィリピンでは若い人たちはほとんどが英語を話せるが、年配の人たちは共通語であるタガログ語や現地語しか話せない人も少なくない。そのため通訳が必要になるだろうと思った。

私が事前に入手している情報は、移民だった日本人と戦前に結婚した女性がまだご存命であるというだけの頼りないものだ。配偶者である日本人移民の名前はおろか、その女性の名前すらわからない。だが、彼女が暮らす集落の名前は判明しており、とにかくそこへ行けば小さな集落だから身元は簡単に割れるだろうという。

まるで雲をつかむような話だ。それでも、情報がある限り現場へ足を運ぶのが取材者というものだ。しかしながら、実はつい二週間ほど前も、バスに丸一日揺られて日系二世の女性宅にたどり着いてみたら、その方は一年も前に亡くなられていたということがあった。

バギオを出て約一時間、トゥバオという小さな集落で下車した。停留所で暇そうに客を待っていたトライシクルに乗り換える。本書で何度も登場するこのトライシクルという乗り物は、大変便利なものだ。料金は交渉制で、どこへでも走ってくれる。バイクを改造した車体なので小まわりが利き、細い脇道にもぐんぐん入っていける。

トライシクルの運転手に尋ねると、驚くことにその女性のことを知っているというではないか。田舎なので、みな顔見知りなのだろう。

「着きましたよ」

細い未舗装の路地を何本か抜けて運転手が停車したのは、家というよりは倉庫といった風情の貧しげな建物の前だった。ブロックを積み上げて壁にし、屋根にトタン板を葺いただけのあまりにも簡素なつくりだ。来意を告げると、たちまち近所の野次馬に取り囲まれ、日本人が来たぞと大騒ぎになった。

中年の小太りの女性にエスコートされながら姿を現したのは、赤紫色のワンピースを着た小柄できゃしゃな女性だった。エスコートの様子から、歩くのがやっとという感じである。相当なご高齢だ。いったい戦前のいつごろのお生まれなのだろうか。

この人が日本人移民一世の奥さんだった方なのか。とうとうお会いすることができたのだ、と興奮を抑えきれずに握手しようとしたそのとき、その女性の目が見えないことに気づいた。耳もかなり遠いらしい。

小屋に招き入れられて、土間の椅子に並んで腰掛けながら、はやる気持ちを抑えながら一言二言挨拶を交わす。ところが、彼女の目はまったく見えないし、耳は遠いものだから、通訳を介しても意思疎通をはかるのは大変難しい。いったいどうやってインタビューしたらよいのか。

と、そのときだった。

「トモダチ」

「チョットマッテクダサイ」

「アリガトゴザイマス」

まわりでじっと注視しながら成り行きを見守っている野次馬たちのひとりが、彼女の耳元に口をつけて大声で、「日本人が来たのよ」と呼びかけた直後だった。老婆の表情は一瞬にして引き締まり、いくつかの日本語を立て続けにそらんじてみせたのである。

その女性、ウルボナ・ガリさんは一九一二（大正元）年の生まれで、私が訪ねた二〇一〇（平

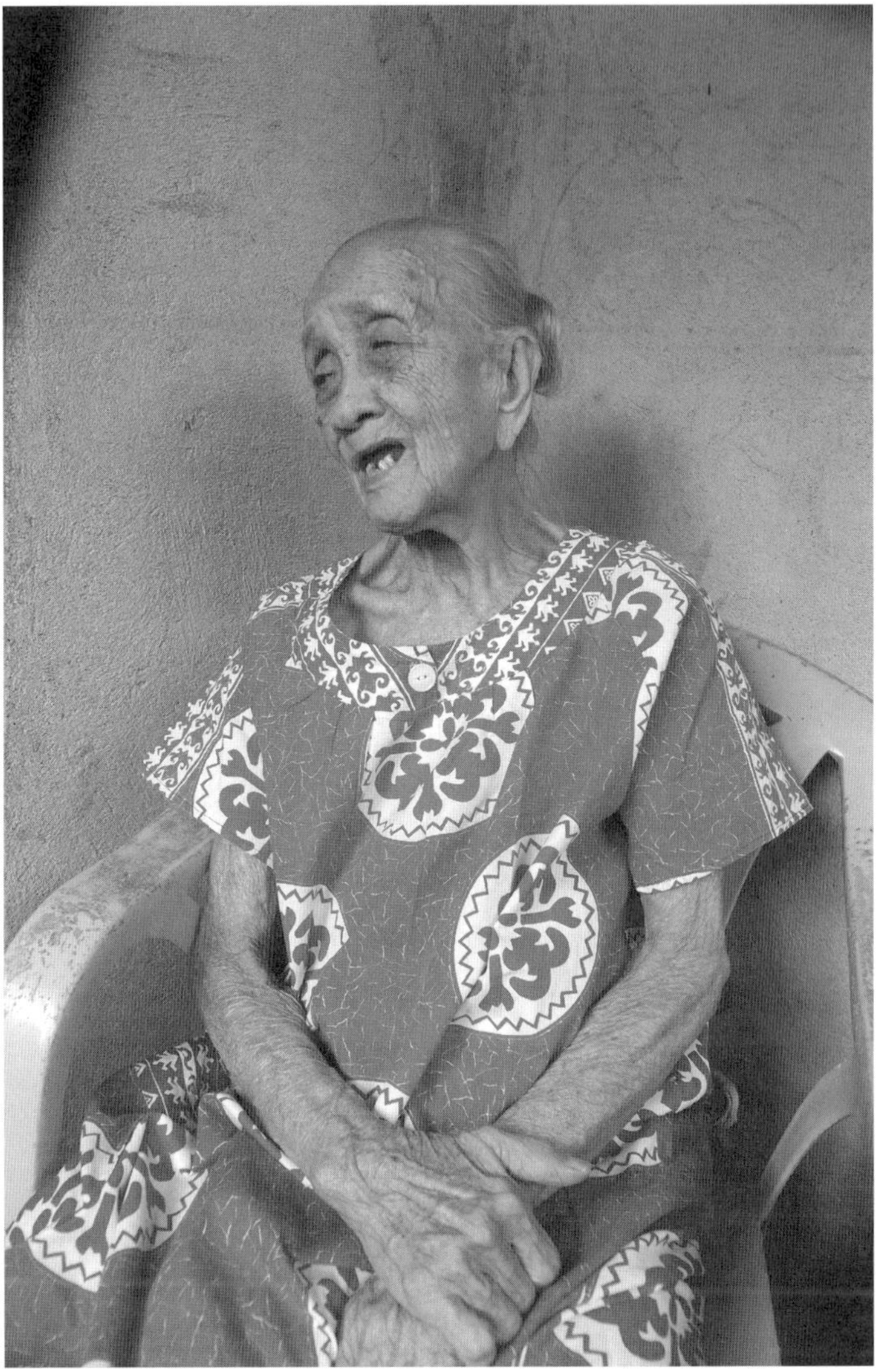

1912 年生まれのウルボナ・ガリさんは戦前の日本人移民カワハラ・カツフサの妻だった

成二二）年の時点ですでに九十八歳であった。ここトゥバオが生まれ故郷なのだという。

すぐ隣で付き添ってくれているのは息子の嫁で、彼女も英語が話せなかった。そのため、まず私が英語を話し、それをガビ君がタガログ語に訳し、それを嫁さんがウルボナさんの耳元に口を近づけて大声で伝えるという、インタビューとしては大変時間のかかるものとなった。

ウルボナさんの気持ちがすごく高揚しているのがわかった。高齢のため手は骨と皮ばかりという感じだ。その手で私の腕をぎゅっと力いっぱいつかんで離そうとしない。ぽろぽろと大粒の涙をこぼし続けているため、私の腕とシャツはぐっしょり濡れそぼった。

嫁さんが、つかんでいる手を離しなさいと何度も注意するが、聞こえているのかいないのか、インタビューの間、私の腕をつかんだ手を離すことはなかった。ウルボナさんは六十歳の頃に失明し、最近は耳もほとんど聞こえないようになったという。

「カワハラ、カワハラ」

ウルボナさんは見えない目を見開くようにして、何度もその言葉を繰り返した。結婚していた夫の名前である。正確な名前は、福岡県直方《のうがた》市出身のカワハラ・カツフサといった。

早口で一方的に何かぶつぶつとつぶやいたかと思うと、突然取り乱し、顔をしわくちゃにしてさめざめと泣いた。片言の英語に切り替わったかと思うと、いつのまにか私の知らない言葉になっている。そして、大粒の涙をこぼしてさめざめと泣く。その繰り返しである。

意識の奥底に積もったままになっている記憶が、私と向き合ったことにより泡のように湧き上がってきては突然しぼんで消える、きっとそのような精神状態なのだろう。

ウルボナさんは私に一生懸命、何かを伝えようとしている。最初のうちは騒がしかった野次馬たちも、固まったまま静かに成り行きを見守っている。

このままではとてもインタビューにはならない。それでも、彼女には話したいだけ自由に話してもらおうと思った。記憶を言葉に出して全部吐き出してもらおうと思った。そして、その言葉を読み取れる範囲でガビ君に記録してもらった。ウルボナさんは、もしかしたら七十数年ぶりに会った日本人に何か重要なことを伝えようとしている。私にはそれを記録する義務がある。

ウルボナさんが大切に保管していた日本人夫のカワハラ・カツフサの写真

その時間が三十分だったのか一時間だったのかよく覚えていない。しかし、ガビ君を通じて、ウルボナさんのつぶやきの内容にはいくつかのパターンがあることがわかった。要約を以下に記しておく。

「バギオのセッション・

ロードにあった商店で働いていたときにカワハラと出会った。その商店ではパンなどの食料品を主に扱っていた。マネージャーはヤマモトという日本人だった」

「開戦前の一九四〇（昭和十五）年九月九日にバギオのカトリック教会で結婚式を挙げた。たしかカワハラが三十歳で、自分が二十七歳だった。でも、実際には結婚前からふたりはすでに同棲していた」

「戦争が始まってカワハラは日本軍の仕事をするようになった。カワハラは北部のヴィガンという街へ行くことになったので、自分もついていくことにした。ヴィガンには、日本人が経営するハラ・アバカ・ファクトリーやヨシハラ自転車店があったことを覚えている」

「ヴィガンにいたら危ないということになったため、コルディリェーラ山中に移された日本軍司令部に近いキアンガンへ移動し、付近の防空壕にしばらく隠れながら生活した。名前は忘れたが親切な日本人家族と一緒だった。その最中に夫はいなくなり、それきり生き別れとなった。いまだにカワハラがどこかで戦死したのか、日本へ送還されたのかはわからない」

「カツヒコとキミコという名のふたりの子どもがいたが、ふたりとも防空壕に潜んでいたときに亡くなった。病気だった。マラリアだと思う。道路の脇に穴を掘って、毛布でくるんで埋葬した」

この最後のフレーズの箇所に話がおよぶと、ウルボナさんはさめざめと泣いた。野次馬の中にももらい泣きする人がいた。

ウルボナさんは戦後、正式な結婚ではなかったが再婚して息子をひとりもうけた。その息子は現在、首都マニラに出て運転手をしている。息子からの仕送りだけで食べていくのは大変だろうと、この小屋を一瞥しただけでわかるというものだ。

彼女は自身がまだ若く健康だった一九八八（昭和六十三）年ごろに、私に話してくれたようなカワハラとの思い出を身上書にまとめてマニラにある日本大使館へ提出し、夫の身元調査を依頼していた。

現在はリノベーションされた戦前の古い建物が並ぶヴィガンは観光地としてよく知られている

フィリピンに残留する日系人の日本国籍回復へのさまざまな取り組みがスタートし始めた時期であり、おそらくウルボナさんの親族か関係者が彼女にそうすることを勧めたのだろう。

そのとき提出した身上書のコピーと、七年後に日本大使館から送られてきた返事の書類が大事に保管されていたので見せてもらった。書類にはこう書かれていた。

「あなたが依頼された第二次世界大戦中に行方不明となった人物の身元照会についてですが、厚生省につないで調査を行った結果、あなたの夫の弟だとみられる人物の住所が判明しました。福岡県直方市大字頓野×××番地のカワハラ・カツヒラがその該当者だと思われます」

さらに以下のような文章が続く。

「ただしこの調査の結果は、カワハラ・カツヒラという人物がそこに住所を持っているというだけの意味であって、それがそのままあなたや家族が日本国籍を有するという法的根拠にはなりえませんのでご承知ください」

最後にはこう結ばれていた。

「お寄せいただいた情報は断片的で十分なものではありませんでした。そのため調査に時間がかかってしまったことをお詫びいたします」

弟と思われるカワハラ・カツヒラの住所は判明しても、夫のカワヒラ・カツフサの居所はなぜつかめないのだろう。

カツフサはすでに死亡してしまったのか、あるいは行方不明のため住所がつかめないのか。それとも発音が似ていることから、カツフサとカツヒラは実は兄弟ではなく同一人物で、ウルボナさんの記憶違いなのだろうか。

疑問は募るばかりで、真相はわかりそうにはない。書類が残っていないことにはどうしようもない。肉親捜しの問題にせよ国籍回復の問題にしろ、解決するためにはこの間の空白の七十年という時間はあまりにも長すぎる。

別れ際に、息子の嫁さんが何か箱をごそごそ開けて見せてくれたのは、戦時中に流通していた日本軍の軍票の束だった。ウルボナさんがヴィガンから引き揚げる際に持ち帰ったものだという。

当然ながら軍票は、戦争が終わるとただの紙切れになった。だが、カワハラと幸せに暮らしていた時代の唯一の思い出の品として、今も大事に保管されていたのである。

後日談になるが、私は帰国後に直方市を訪れてみた。カワハラ・カツフサについての手がかりがつかめないかと思ったからである。

直方市は福岡県の南部、炭鉱で知られた筑豊地方に位置している。手元にある資料は、弟とみられる男性の住所だけである。それでまず直方市役所を訪ねてみた。

夫が行方不明になった後にヴィガンを引き揚げる際に持ち帰った日本軍発行の軍票

この人物の戸籍が閲覧できれば、兄弟であるカツフサのことが何かわかるに違いない。しかし、当然ながらそれはできなかった。親族でもない私が他人の戸籍を閲覧することなどできないからである。

係の人は、私の調査の目的をしっかり受け止めてくれた。だが、他人が閲覧できるのは、相続問題などで弁護士や司法書士からのしかるべき申請があるケースに限られるのだという。

この対応は想定内であったため、次に法務局へ出向いて、頓野×××番地という住所の所有権を調べてみた。すると、「川原勝平」という男性が権利者であることがわかった。日本大使館からの手紙の内容が正しかったことが、これで証明されたのである。

登記簿によると、この土地はその後、二〇〇七（平成十九）年に三名の方に相続されたことになっている。つまりカワハラ・カツヒラはその年に鬼籍に入ったのだろう。相続者ならいまだ健在だろうし話も聞けるかもと思った。しかし、どういう理由かはわからないが、この土地は翌年に差し押さえられ、その後何度か転売されていることがわかった。

次に私は図書館へ向かった。司書の方は私の来訪目的を聞くと、戦前にあった小学校を調べてくれた。直方市には当時、全部で十一校あったという。頓野という住所から見当をつけて、いくつかの資料をあたった結果、『上頓野《かみとんの》小学校百年史』（一九七四年発行）の中についに「川原勝房」という名前を発見したのである。

私は思わずガッツポーズをした。フィリピンと直方がつながったのである。ウルボナさんに吉報を届けることができるかもしれない。司書の方も「ありましたか！」と一緒に喜んでくれた。

しかし、「川原勝房」の名前の下には一言「死亡」と記されていた。大正十年三月の上頓野小学校の卒業生は五十三名。このうち十四名が「死亡」となっており、三名は「戦死」となっている。大正十（一九二一）年の卒業ということは、おそらく一九一〇（明治四十三）年前後の生まれかと推測できる。百年史は一九七四（昭和四十九）年の発行だから、この本が編まれたときにすでに死亡が判明していたということは、川原勝房は年齢的には六十歳代前半までにはすでに亡くなっていたことになる。

いつ亡くなったのかは、この資料ではわからない。ただし「戦死」に分類されてはいないことから、おそらく川原勝房は戦後、送還されて無事に祖国の土を踏むことができたのだろう。

ここで私は、再び迷宮に入り込むことになる。卒業名簿の中に名前が記載されているからといって、この人物がウルボナさんの夫であったという証明にはならないのだ。同姓同名の可能性もゼロではない。そもそも勝房と勝平が兄弟もしくは親類であるということも、戸籍がないと証明できない。

これ以上の探索は無理な話だった。戦前に外地に生きた人の戸籍を調べ、ましてや日本国籍を回復させるための証拠書類を揃えることの大変さが身にしみてわかった。

勝房が過ごしたと思われる直方の大正時代とは、どのようなものだったのだろう。一九七八（昭和五十三）年に編纂された『直方市史』を紐解くと、当時の様子が記されている。ここで引用してみたい。

「大正は不況とデモクラシーの旋風の中で明けた。……不況の風が強く吹き募り、失業者は街にあふれ、出稼ぎ農民は帰農させられた。米価だけがうなぎ上りに騰がった。……大正七年、米騒動が筑豊に波及し、田川郡内の峰地炭鉱でおこった騒動がきっかけとなり……軍隊が出動して鎮圧した」

勝房が小学校を卒業した一九二一（大正十）年には、三菱新入炭鉱と三井本洞炭鉱が相次いで廃坑となっている。頓野にあった頓野炭鉱は賃金不払いが続き、労使が紛糾状態にあった。

まさに不況の真っただ中にあったわけで、このような時代背景のもと、勝房が仕事を求めてフィリピンへ渡ったのはある意味必然だったのかもしれない。

ギマラス島のサビニアーナさん

パナイ島イロイロ市の港の小さな埠頭で、パナイ日比協会スタッフのシルリーさんと私はエンジン付きのバンカーボートに乗り込んだ。船体の両側にバランサーが付いた八十人乗りの小型客船で、海峡を越えて数キロ先にあるギマラス島へ渡るのである。

海峡はわずか数キロしかないが、意外に波が強い。バランサーが付いているとはいえ、船は何度か大きく揺れた。しかし、すぐに前方に大きな島影が近づく。いかにも熱帯の島という感じの緑の濃い島である。フィリピン政府観光局はこのギマラス島はフィリピン国内で五番目に小さな島だと広報している。

ギマラス島へ行くと言うと、フィリピンの人たちはなぜかにやりと笑って、必ず「マンゴーの島ね」と言い添えた。ギマラス島は甘くておいしいマンゴーが育つことで有名で、「マンゴーの島」が代名詞になっている。

サン・ロザリオの港へ着くと、今日訪れる予定の日系二世サテ・ガレリオさんの孫娘が迎えに来ていた。カレッジに入学したばかりだそうで、彼女は日系四世になる。

港にはマンゴーについて注意を喚起するポスターが何枚も貼られており、他島からのマンゴーの種は持ち込みが禁止されているとある。ギマラス島のおいしいマンゴーの品種と交雑しないようにという取り決めらしい。

トライシクルに乗って五キロほど内陸のブエナヴィスタへ向かう。マンゴーの古木が道路の両脇に生い茂っている。すでに時期的にマンゴーの収穫は終わっているが、吸い込む空気には甘ったるい香りが混じっている。島全体が森のように緑が深いせいだろう、トライシクルで走ると風が少し肌寒い。

途中でトライシクルを降り、マンゴー林を歩いて通り抜けると小さな田んぼに出た。畦道をしばらく歩くと目指すサテさんの家が見えてきた。

内陸にあるのにこの家からは青い海が見渡せ、田んぼの周囲にはマンゴーとヤシの木が茂っている。もし桃源郷というものが実際に存在するとすれば、まさにこのような場所のことを指すのだろう。サテさんは庭に出て私たちの到着を待っていてくれた。

よく手入れされた庭にはたくさんの種類の花が咲いている。こぢんまりした家の中に招き入れられると、サテさんは年老いた小柄な女性を「母です」と紹介してくれた。

「えっ、お母様？　ということは、日本人の男性と結婚されていたということですか？」

私は内心、自分でも何を当たり前の質問をしているのだろうと思ったが、思わず聞かずにはいられなかった。同行しているシルリーさんも、サテさんの母親が健在であることを知らなかったようで、目を白黒させている。

戦前に移民した日本人の妻がここにもいらっしゃった。予期せぬ出会いだったので本当に驚いた。

「おまえ、この日本の方にあの写真を見せてあげなさい。もちろんあたしの夫の写真のことですよ。とってもハンサムなんだから」

日本人移民の妻サビニアーナ・ドルチンさんは娘のサテさんに軽口をたたいた。ギマラス島生まれのサビニアーナさんは一九二〇（大正九）年生まれ。私がお宅に伺ったときには九十二歳だったが、とてもそういう年齢には見えない冗談好きでよくしゃべるチャーミングなおばあちゃんだった。

サテさんが別の部屋から持ってきたのは大判の肖像写真で、海軍と思われる軍服に身を包んだ凛々しい表情の日本人男性が写っている。

「ご主人は軍人だったのですか？」

と尋ねると、サビニアーナさんは大きくかぶりを振った。

「いいえ、そんなわけないでしょ。あたしが彼と会ったのは、戦争が始まる前だったのよ。彼はあたしが会ったときは商売人だったわ」

その肖像写真の男性は、広島県出身のカワダ・アサイチ。サビニアーナさんはここギマラス島ではなく、隣のパナイ島イロイロ市でアサイチと知り合って結婚した。一九三八（昭和十三）年のことである。サビニアーナさんは十八歳だった。

「イロイロ市のレアルバザールというところにアサイチはいたの。他にも日本人がたくさん働いていて、フルタニとヤノという人の名前を覚えています。フルタニには日本人の奥さんがいたけど、アサイチとヤノは独身でした。あたしはバザールでは服飾を扱っていました」

当時のイロイロ市には他にも「東京バザール」や「富士バザール」などがあり、一般の日本人居留民を目にすることはごく普通のことだったという。だから、アサイチがいつごろ日本から来たのか、日本のどこから来たのか、尋ねてみたことはないし知ろうとしたこともなかった。

一人娘のサテさんが生まれたのは結婚して三年後。サテさんが生後五カ月だった一九四一（昭

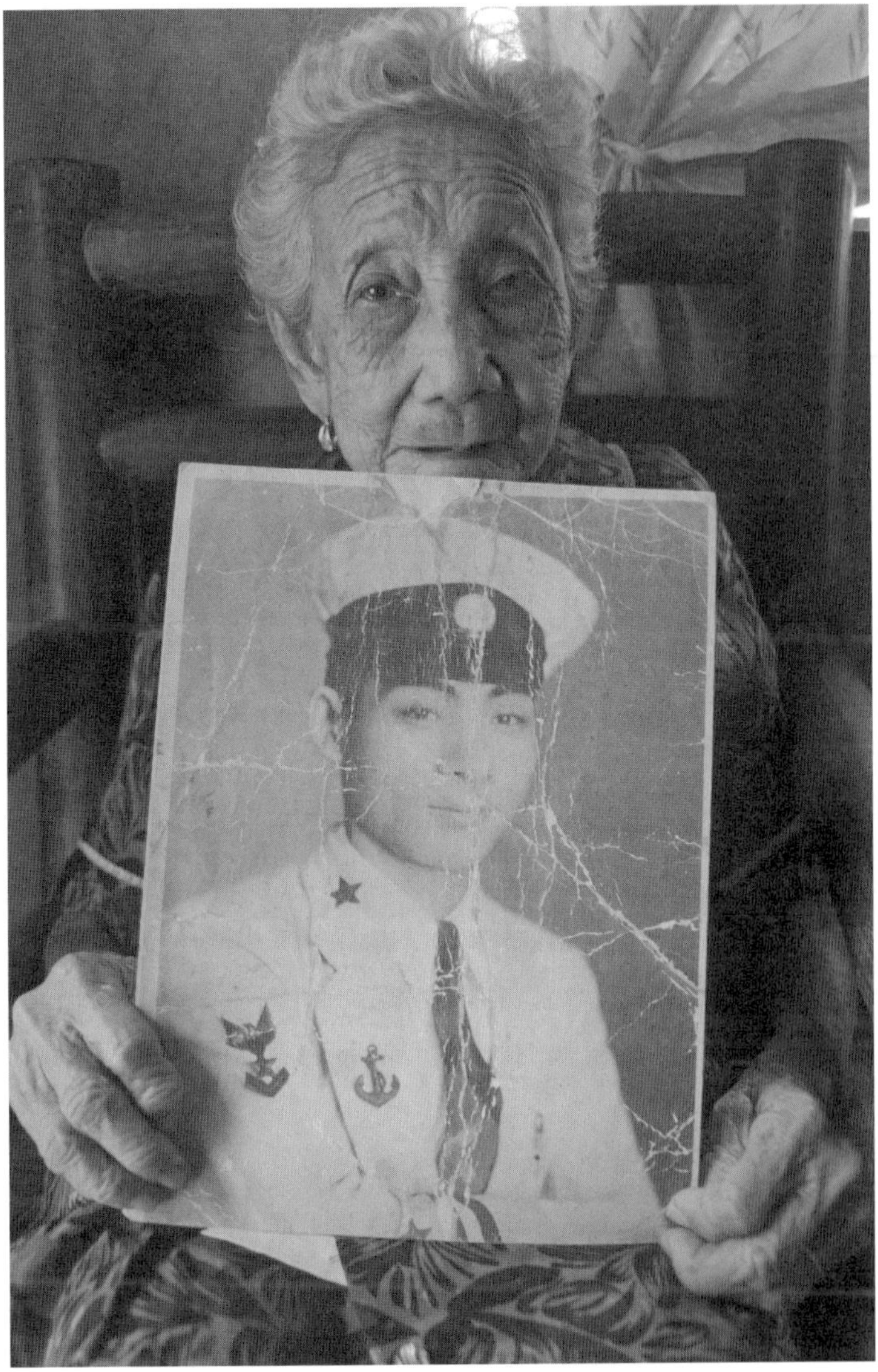
ギマラス島に暮らすサビニアーナ・ドルチンさんが手にするのは
日本へ帰国後に送られてきた夫の肖像写真

和十六）年九月、アサイチは「日本は戦争に突入することになりそうだから帰国しなくては」と言い残して、それきり家族の前から姿を消した。実際に真珠湾攻撃、そして日本軍によるフィリピン占領と歴史が大きく動いたのは、その年の暮れであった。

サビニアーナさんにはイロイロを離れて、故郷のギマラス島へサテさんを連れて帰り、そこで戦争が終わるのを待つように進言したという。アメリカとの開戦はもはや時間の問題だという空気が日本を覆っていたこの時期、アサイチはアメリカの植民地だったフィリピンにこれ以上居残るのは危険であると自分で判断したのだろう。

「夫からはしょっちゅう手紙が送られてきましたよ。いつも戦争が終わったらギマラス島へ迎えに行くからと文章は結ばれていました。あたしのことをすごく愛していたのだと思うわ。そうじゃないと自分の写真なんか送ったりしないでしょ」

サビニアーナさんは遠い過去を夢見る目つきになっている。アサイチがサビニアーナさんを心から愛して身を案じていたのは偽りなかったようで、イロイロ市に居残ったフルタニを通じて戦時中も生活費を送金し続けていたという。サビニアーナさんは、そのお金で牛と水牛を一頭ずつ購入したことをよく覚えている。

「あたしのことを夫はいつもビニって呼んでいたのよ。それであたしはトニって呼んだの。アサイチにはフィリピン名があって、みんなはアントニオって呼んでいたから」

サビニアーナさんの表情は完全に少女のそれである。私と会話しているうちに彼女の記憶が生き生きと蘇り、まるでタイムマシンに乗って一気に七十数年前に引き戻されたかのようである。

イロイロ市にあったバザールで働いていたカワダ・アサイチの同僚たち。
後列の右からふたり目がアサイチだと思われる

日本軍がフィリピンを占領すると、この桃源郷のような小さなマンゴーの島へも進駐してきた。島民たちは最初、日本軍の指示で教会に集められたという。

「島民は何をされるのだろうかとみんな怖がっていました。でもね、あたしは勇気を振り絞って、アサイチとふたりで撮った写真や結婚証明書などを日本軍の人に見せて、自分の夫が日本人であることを説明したんです。そうしたら急に厚遇されるようになって、宿舎の中にベッドを与えられたからそこで寝起きしていました。食事もちゃんと配給してくれましたよ」

ギマラス島では戦闘が起きることもなく、そのまま終戦を迎えたらしい。日本が負けたことは知っていたが、しばらくすれば夫はきっと帰ってくるだろうと信じて待ち続けた。

だが、アサイチが家族の前に再び姿を見せることはなかった。

「あたしが物心ついたときにはすでに父はいませんでしたから、これがお父さんですよと写真を見せられても現実感がなくて、何のイメージも湧きませんでした。でも、学校に通い始めたらダンスパーティーなんかがあるじゃないですか。あのときは心の底から寂しいと思ったものです。友だちは全員、お父さんが一緒に来ているでしょ。あたしだけが母しか来ていないのですから」

おしゃべりなサビニアーナさんの陰に隠れて、ほとんど会話に加わっていなかったサテさんが、涙声になって口を開いた。

現在でも人口が十数万人に過ぎない小さな島ギマラスでは、幸運なことに戦闘や混乱はまったくなかった。そのためかサビニアーナさんもサテさんも戦後は、日本人の家族だからといっていじめられたり不愉快な目にあったりしたことはない。

ただ、サビニアーナさんの父親は若くして母子家庭となった自分の娘が不憫だったのだろう、再婚を強く勧めた。夫が戻る日を指折り数えて待っていたサビニアーナさんだったが、月日はたち、やがて地元の男性と再婚してふたりの子どもを産んだ。

サテさんはその後、イロイロにある日系人会の活動を知り、父親のアサイチがその後どのような運命をたどったのかどうしても知りたくなり、日系人会を通じて身元調査を依頼した。

日本のPNLSCから身元照会についての連絡が来たのは、私が訪れる少し前の二〇〇九(平成二十一)年になってからのことである。

調査の結果、「カワダ・アサイチ」は「河田浅一」であり、一九一二(大正元)年に広島県で出生したという戸籍が見つかった。戸籍には、終戦の年に中国で戦死したことが記載されていた。

アサイチはフィリピンから日本に帰国後に徴兵されて、軍人として大陸に渡っていたのである。サビニアーナさんの手元にある軍服姿の肖像写真は、おそらく中国へ出征する前に撮影されたのだろう。

そして、一番肝心なことだが、アサイチの戸籍には妻のサビニアーナさんの名前も娘のサテさんの名前も記載がなかった。フィリピンの役所には婚姻届けが出されていたものの、日本では手続きをしていなかったことになる。

日本人移民カワダ・アサイチとサビニアーナさんの結婚した当初の写真

インタビューと撮影が終わると心尽くしの昼食が用意されていた。地元で獲れた小魚を焼いたおかずと炊きたてのご飯。季節外れにもかかわらず、デザートに名産のマンゴーを用意してくれており、噂にたがわぬ甘く香り高いマンゴーをご馳走になった。

家を辞するときに私が

「ありがとうございました。ご縁があったらまたお会いしましょう」と挨拶すると、サビニアーナさんは明るく笑いながら言い放った。

「それはたぶんないでしょうね。そのときにはあたしはもう生きていませんから」

「戦争花嫁」のキヨコさん

ウルボナさんとサビニアーナさんにお会いできたのは、本当に幸運だったと思う。取材があと数年、いや一年遅かったら、彼女たちに会うことはおそらくできなかったことだろう。

日本から来た移民男性とフィリピン人女性との恋。そして結婚、出産。さらには戦争が引き裂いた家族と別離……。

日本人移民の妻だった彼女たちに話を聞くことができたおかげで、戦前・戦中における移民たちの暮らしの様子がどのようなものだったのか、その雰囲気をおぼろげだけれど肌で実感できたような気がする。

ところで以下にご紹介する方は、たしかに日本からの移民には違いない。だが、私が調べている戦前の移民の方々とは、かなり異なるケースとなる。本書の道筋とは多少ずれてしまうが、取材中に偶然出会うことになったいわゆる「戦争花嫁」についても少し触れておきたい。

ルソン島バギオにある「アボン」に情報を求めて出入りしていたときのことである。たまたま年に一度開かれる「ホーム・カミング・パーティ」があるというので、職員から参加してみないかと誘われた。

年に一度のホーム・カミング・パーティに集まった日本人移民２世たち

　このパーティーは主に日系二世や三世、日本人会の関係者たちを対象にした集まりで、みんなでビンゴゲームを楽しみ、ＤＶＤを鑑賞した後に食事するといういわば親睦会のようなものだ。

　昨年は百六名の参加者があったが、今年は六十五名と激減したという。高齢の方や遠方に居住している方が年々参加できなくなってきているとのことであった。亡くなられた方もいらっしゃるだろう。

　すでに取材させていただいた日系二世の方々とも再会し、談笑しながら四方山話を咲かせていたときに、見知らぬ女性から日本語で突然、話しかけられた。

　彼女は唐突な感じでこう自己紹介した。

「あたしはね、いわゆる戦争花嫁なんですよ。ウォー・ブライダル。知っているでしょ」

　澄んだ美しい瞳を持った人だなというのが第

一印象だった。「ウォー・ブライダル＝戦争花嫁」といきなり言われても、私自身はあまりそれに関する知識は持ち合わせていない。過去に写真家の大先輩である江成常夫さんの戦争花嫁に関する著作に目を通したことがあるぐらいだ。

しかし、「戦争花嫁」という独特の言葉の響きにはどこか惹かれるものがあり、また実際に私はそのような境遇の方には会ったことがなかったので、ゆっくり話を聞かせてもらいたいと思った。

それで日を改めてお宅を訪ねることにした。バギオ郊外の高台の住宅地に、キヨコ・アロエロ（當間《とうま》清子）さんの居宅はあった。庭に大きな犬が飼われており、私が塀に近づくと牙をむき出しにして、今にも飛び掛からんばかりの勢いで吠え立てる。

家へ招き入れられると、よく磨かれた高級材を内壁に使った居間に通された。キヨコさんは私が着席するなり、「お腹が空いているでしょ」と次々に料理を運び始めた。出てくる、出てくる。巻き寿司、天ぷら、キュウリの酢の物……。日本風の品々がテーブルにずらりと並んだ。私の来訪を心待ちにし、用意してくださっていたのである。

「さあさあ、どんどん食べなさい」

まるで実家に帰って、母親からあれこれと勧められているような感じである。私は久しぶりに口にする日本食ということもあり、勧められるままに箸をつけた。キヨコさんは料理には手を付けず、コーラを飲みながらフィリピンへやってくるまでの経緯をとつとつと話し始めた。

キヨコさんは一九三四（昭和九）年に沖縄県の那覇市で生まれた。生後すぐに養子に出され、血のつながっていない父母に育てられたという。小学校に上がるころ、日本は戦争に突入した。

終戦の年、空襲により通っていた小学校は全焼。父母と一緒に防空壕へ逃げ込んでしばらく潜んでいた。話の内容から、おそらくアメリカ軍が沖縄へ上陸して地上戦が始まった時期だと思われる。その最中、父親は病気のために死亡した。食べ盛りだったのでとにかくひもじくて、空襲の合間を見計らっては防空壕から出て、食べられるものを探して歩いた。

約二十万人の死者を出したといわれる沖縄地上戦が終結したときには、家族で逃避行を続けており国頭村《くにがみそん》にいた。そして、アメリカ軍の捕虜として北部の辺土名の民間人収容所へ移送された。収監された直後に母が亡くなり、腹違いの兄とふたりだけの身になった。そのときキヨコさんは十一歳だった。

収容所を出た足で国頭村へ戻り、市場で今川焼や蒲鉾などを仕入れては港へ持っていき、港湾労働者の若い兄さんたち相手に売った。少し蓄えができると、郊外へ行って農家の人にサツマイモを売ってもらい、それで飢えをしのいだ。

「とにかく食べ盛りだったからお腹が空いて仕方がなかった。市場で売られているものを右から左へ動かして、

戦前に撮影されたキヨコ・アロエロ（當間清子）さんと両親の写真

なんとか食べものにありつく毎日でしたよ。お米なんか探してもどこにもなくってね、空腹を満たそうと思ったらサツマイモしかなかったわね」

水は井戸へ汲みに行き、煮炊きに使う薪は海岸へ行って拾った。腹違いの兄はハサミを一丁手に入れて、路上で理髪店を開き商売していた。しかし、暮らし向きはいつまでたっても楽にはならなかった。

「もうそんな生活が嫌で嫌でたまらなくなってねえ、我慢しきれなくなって家出したのよ」

聞いているほうとしては深刻な状況が目に浮かぶのに、キヨコさんはあっけらかんとして話を継ぐ。

「歳は十三か十四のときでしたかね。なんとか住み込みの女中に雇ってもらってねえ。でも、そこもすぐ辞めて、アメリカ軍の官舎内で洗濯婦を募集していると聞いたのでそちらに移りました」

キヨコさんが九歳上の夫と出会ったのはそのアメリカ軍基地内である。

「好きだとか嫌いだとか、そういう感情はまったくなかったですね。とにかく毎日を生きていくのが精一杯でしたから」

戦争花嫁という言葉のニュアンスには、食べていくために占領国の外国人と結婚せざるを得なかった日本人女性という意味が含まれている。それほど敗戦国・日本の状況はひどかったが、なかでも直接の戦闘の舞台となった沖縄ではそれは顕著だった。

沖縄を占領・統治して軍政を敷いていたアメリカは、一九五〇（昭和三十）年になってようやく「琉球列島米国民政府」に統治を移管した。そのころから沖縄には仕事を求めるフィリピン人たちが大挙してやってくるようになったという。

キヨコさんの夫は国民政府時代より前のアメリカ軍政時代に、沖縄の基地内にある陸軍病院へ派遣された研究者だった。やがて沖縄が民政に移管されると、マラリア研究を行う民間の研究所に転職した。

ふたりが結婚したのは、まさにそのような時期である。キヨコさんが十七歳のときだった。間もなく長男が生まれた。

「続いて長女が生まれると、夫はフィリピンへ戻って暮らしたいと主張しました。でも、あたしはフィリピンがどこにあるのかも知らなかったし、言葉も通じないわけだから、簡単にイエスとはならなかったの」

夫はやがて子どもたちだけを連れてフィリピンへ帰った。家族が去ってしまった後になって、キヨコさんは自分には血のつながった身寄りが日本にはひとりとしていないことにあらためて気づき、愕然としたという。あまりの寂しさに、ひとり涙する日々だった。

「それで一九六四（昭和三十九）年になってから思い切ってフィリピンへ行くことにしたのです。家族はそのときサント・トーマスという街に落ち着いていました」

キヨコさんはこのころが人生で一番苦しかった時期だという。当時のことが脳裏をよぎるのだろう、話をしながら溢れ出てくる涙を抑えることができなかった。

フィリピンの家族の元へ収まったが、言葉がまったく理解できないため、どうしても家に閉じこもりがちになった。こんなに苦労するなら死んだほうがましだとさえ思ったという。戦時中に父母を亡くし、食べものを探して焼け野原をさまよったあのキヨコさんがである。

「最初はジプニーひとつ乗れませんでしたから。夫からは、簡単だよ、降りるときにパラーッと声を出すだけで大丈夫だから、と言われましたが、とにかく言葉が何ひとつ理解できないということがこんなにも苦しいことを知りました」

翌年、バギオへ移ってからは、沖縄でやっていたように市場で卵などを仕入れてよそへ持って行って売ることを始めた。そのうち人に誘われて教会へ出入りするようになり、洗礼を受けてクリスチャンになった。

「生きる希望みたいなものが芽生えてきたのがこのころですかね。ただ日々を過ごすことで必死だったから、それまでは信仰について考える余裕もありませんでした。主人ですか？　ふだん黙っているとむっつりして怖い顔だったけど、お酒を飲んだら陽気になってよくしゃべりましたよ」

一九六四（昭和三十九）年にフィリピンへやってきて以来、その後、日本へは一度も帰ったことはない。というより、帰る場所がないといったほうが正確だろうか。今は日本語の他に、英語とタガログ語、それに現地のイロカノ語も少し話せる。フィリピンでの生活に不自由はまったくないという。

「ただ、フィリピン人の家族というのは大家族が普通でしてね。それ自体はけっこうなことなのですけど、たくさん稼ぐ人やお金を持っている人がその中にひとりでもいると、他のみんなが

バギオの郊外で暮らすキヨコさん一家

働かないのです。なかには勝手に家に来て住み始める人もいたりしてね。一日中、家の中でゴロゴロしてね、あれにはいまだに慣れないですねえ。やはり心は日本人なのですよ」

キヨコさんを見ていると、たくましいなと思う。戦争で孤児になり、外国人と結婚。異国での慣れない生活。異なる言葉や習慣。そうした逆境をひとつひとつ克服していった強さなのだろう。

戦争花嫁という言葉は今や死語となった観がある。しかし、キヨコさんが戦後、懸命に生きてきた姿は、フィリピンへ移民としてやってきた戦前の日本人の姿とどこかダブって見えて仕方がなかった。

10章　第二の小野田寛郎を探しに

一通のメールと小野田寛郎

二〇一〇（平成二十二）年のある日、ルソン島バギオ市に在住の反町眞理子さんから一通のメールが届いた。文面を読み進むうちに、これは大変なことになってきたぞと思った。

ミンドロ島の山奥でひっそりと暮らしてきた元日本兵が、日本へ帰国したいので助けてほしいと願い出ているというのだ。

私はそのメールを何度も何度も読み返した。ミンドロ島はルソン島のすぐ南側に位置する中ぐらいの大きさの島である。ミンドロ島に住むあるフィリピン人の仲介者からこの話が次々とメールで転送され、まわりまわって在留日本人の反町さんへ届いたらしい。

最初の発信者である仲介した人の名前も住所も記載されている。さらにメールには不鮮明ながら一枚の写真も添付されていて、褌《ふんどし》らしきものをつけた半裸の老人の姿が写っている。なんとなく日本人の顔立ちに見えなくもない。

この老人は先住民である山地民マンギャン族と結婚して、三人の子どもをもうけて暮らしていた。最近になって奥様を亡くされたため、自分も高齢なので死ぬ前に一度生まれ故郷の日本を見たいと話していたという。

名前もわかっている。「サイトウ・ヨシツグ」という日本名で、現地ではガネオン・ロペスという名前を使っているという。ミンドロ島は西ミンドロ州と東ミンドロ州に分かれているが、両州の境界に位置する小さな集落に暮らしているらしい。

実はこのメールを受け取る少し前に、私は静岡県にご存命の元日本兵の方にお会いしてインタビューした（11章参照）。その際、彼が駐屯していたミンドロ島には、まだ元日本兵の方が生存しているらしいという話を聞いたばかりだった。私は何かの因縁を感じた。

反町さんのメールはこう結ばれていた。

「その集落はかなりの山奥にあって、車が通れる道路からは徒歩で八時間くらいはかかるそうです。でも、ヒマラヤやアルプスの高峰を登ったことのある船尾さんだったら、それぐらいなんということもないでしょ。でも、もし怪しい話だったら、危ない橋はけっして渡らないでくださいね」

私は若いころ、クライミングに明け暮れる生活をしていて、人跡未踏の大岩壁をよじ登ったりすることに情熱を傾けていた時期がある。そのことを反町さんは知っているので、そういう場所へ分け入っていくのは得意でしょ、と言っているのである。

メールを受け取った翌月に、再び残留日本人の取材のためにフィリピンへ渡航することが決まっていたため、私はこの話に乗ることにした。

個人でふらりと捜索に行って、そんなに簡単に戦後七十年以上もジャングルに潜んでいる元日本兵など、見つけることができるわけはないだろう、と一笑に付されるかもしれない。私自身そう思う。

しかし、たびたびフィリピンへ通って日系二世の方々にお会いしているうちに、最初は単に戦争に巻き込まれた彼らの個人史を記録したいと考えていたのだが、だんだんと戦争の本質というものを現場にいた人たちの証言から浮かび上がらせてみたいと考えるようになった。

フィリピンに駐留していた元日本兵の方にも話を聞いてみたいと思ったのは、そういう意味で自然な流れだった。だからこそ、隠れている元日本兵を捜索するという行為自体に、「戦後はまだ終わっていないのだ」という自分なりのメッセージを重ね合わせることができるのではないかと考えたのである。

本心を明かすと、私自身はたったひとりでも元日本兵を捜索することは十分に可能だと考えていた。なぜなら前例があるからだ。

おそらく読者の中でもある年齢以上の方ならば、あの小野田寛郎《ひろお》・元陸軍少尉の「発見」についてのニュースを、驚きをもって迎え入れた経験をお持ちのことと思う。私は当時中学生だったが、テレビニュースで見たよれよれの軍服姿でありながら背筋をぴんと伸ばし敬礼する彼の姿が、今でも瞼に焼き付いている。あのニュースをぜひ思い出していただきたい。

小野田寛郎は日本政府やフィリピン政府によって「発見」されたのではなかった。実際に彼と接触に成功し、「発見」への道筋をつけることができたのは、鈴木紀夫さんというたったひとりで捜索に来ていた民間人である。

鈴木さんは今でいうバックパッカーのはしりのような存在で、若いころリュックサックひとつで世界を放浪旅行していた。その途中、フィリピンの山中に元日本兵が潜んでいるらしいという話を聞きつけて、立ち寄ったのが一九七二（昭和四十七）年のこと。ひとりでルバング島にテントを張りながら捜索を続けていた。

このころ日本政府も大規模な捜索隊を送り込んでいた。しかし、空振りに終わっていた。一九七四（昭和四十九）年、テントにひとり滞在している鈴木さんを小野田寛郎は二度ばかりそっと覗きに来たという。このとき鈴木さんは靴下にビーチ・サンダル履きという出で立ちだった。

フィリピンは暑い国なので、日本と異なって住民が靴下を履くことはまずない。それで小野田は鈴木さんが日本人であるのは間違いないという確信を抱き、自分のほうから接触したのである。鈴木さんはひとりで島に滞在していたから、小野田も姿を現しやすかったのだろう。

小野田が戦後も山中に潜み、「元日本兵」になった経緯を少しおさらいしておきたい。一九二二（大正十一）年生まれの小野田が情報将校としてフィリピンへやってきたのは、終戦も近い一九四四（昭和十九）年になってからのこと。ルバング島の駐屯地へ配属された。

ルバング島はルソン島南部に位置するマニラ湾の出口に浮かんでいるため、戦艦など周辺を航行する船を把握することができ、首都マニラの防衛という意味では戦略的に大変重要な位置にある。

この島に駐屯している最中にアメリカ軍の艦砲射撃を受け、日本軍はかなりの被害を出した。

それでも、何人かの日本兵は山中に身を隠し反撃の機会をうかがっていた。ところが、間もなく日本は降参してしまう。

終戦後しばらくの間、小野田を含めて四名の日本兵がルバング島には残留していた。戦後五年目にあたる一九五〇（昭和二十五）年、そのうちの一名が山から集落に下りてきて投降する。このとき初めて、他にも三名の日本兵がまだジャングルに潜んでいることが外部に明らかとなったのである。

元日本兵らは食料を得るため、島の住民が飼育している農耕用の牛を殺したり、植えてあるヤシの実を採集したりしていた。このため島では住民との間でトラブルが頻発し、殺傷沙汰もたびたび起こしていた。

逃亡兵として軍法会議にかけられることを恐れて潜伏生活を続けていたといわれるが、一説には現地住民の報復を恐れて山中に潜み続けたのが真相であるともいわれている。

鈴木紀夫さんと接触した際、「上官による軍務解除命令があれば自分は山を下りる」と小野田が話したため、かつての上官であった谷口義美が現地へ派遣され、直接命令を伝えた。

その結果、一九七四（昭和四十九）年三月、小野田は実に二十九年ぶりに日本へ帰還を果たすことができたのである。四名だった元日本兵は、このときには小野田ただひとりになっていた。

住民に潜伏を悟られないようにするため、暦はすべて暗記することにより記録していたが、二十九年ぶりに山を下りたときには誤差がたったの六日しかなかったというから、小野田の暗記力には舌を巻く。

ちなみに鈴木さんだが、彼はバックパッカーとして世界を放浪していた際に、「これだけは会いたい、目にしたい」という夢が三つあった。その三つとはパンダ、雪男、そして小野田寛郎である。

パンダと小野田に会うことができた鈴木さんはその後、最後の夢をかなえるべくネパール・ヒマラヤへと赴く。そして、実際に遠望ではあったが雪男と思われる姿を発見するのである。しかし、一九八六（昭和六十一）年に、再度ヒマラヤのダウラギリⅣ峰のベースキャンプ付近を捜索中に遭難。三十七歳の生涯を閉じた。

話が少し横道にそれてしまった。私が言いたかったのは、この種の捜索活動というのは、その内容の繊細さゆえに、大規模なほうが有利とは限らないということだ。

捜索される相手の立場に立ってみればわかる。戦後ずっと山中に隠れて暮らしてきた身にとってみれば、娑婆へ出ていくというのは大変恐ろしいことであろう。探しに来た相手がひとりであるほうが気を許しやすいのではないだろうか。

何はともあれ、まずは自分が動いてみることだ。

マニラにある日本大使館へは念のため電話しておいた。電話で対応してくださった方は「もし見つけたらすぐに連絡してください。その方が日本へ帰国できるように取り計らいますから」と約束してくれた。

「ただ、この種の話は今もときどき出てきては消えるのですよ」と大使館の方はそう付け加えるのを忘れなかった。

ミンドロ島のマンギャン族

マニラの南約八十キロのバタンガス港から出たフェリーは日本製の中古だった。フィリピンは日本と同様に島嶼国家であるため、各地からそれぞれの島を結ぶフェリーが出ている。日本と比べて国内線の空の便が充実していないこともあり、フェリーは庶民の足として便数も多い。

私は取材にあたりルソン島やミンダナオ島などの大きな島だけではなく、レイテ島やネグロス島など数々の島を訪れたが、運賃も安いので幾度となくフェリーのお世話になった。それらのフェリーのほとんどが例外なく日本の中古船だった。

船内の表示や注意書きなどは日本語表記のものがそのままで残されていることが多く、それを目にするたびになんとなく気恥ずかしい感じがしたものである。

バタンガス港を出港する前にちょっとした出来事があった。甲板にいた乗客らがいっせいに船舷に走り寄り、海に向かって楽しそうに囃し立てながら何かを投げ込んでいるのである。私もつられて見てみると、彼らは硬貨やお菓子の小袋などを投げ入れていた。

フェリーのすぐ近くに長さ数メートル程度の小さなバンカーボートが停泊しており、家族と思われる人たちが両手を広げて、乗客に金目のものを投げるよう要求しているのであった。

乗客が硬貨を海中に投げ込むと、何人かが競って海に飛び込み、潜ってそれを拾ってくる。お父さんもお母さんも子どもたちも必死だ。何かモノが投げ入れられるたびに交代で次々と海へ飛び込む。

物乞いのようにも見えるが、むしろ大道芸といったほうが正確だろう。フェリーの乗客らは

「海に飛び込んで拾う」というパフォーマンスに大喜びしているのだから。

私は彼らのたくましい姿に感動した。家族総出で身体を張って日々の糧を得る。創意工夫によって仕事を創り出している。バンカーボートに乗り込んでいるのは七名で、そのうち五名は子どもであった。

航海中にいくつかの島影が見えた。地図から見て、そのうちのひとつはおそらくルバング島である。その島に小野田寛郎は二十九年間も潜伏していたのだ。

バンカーボートから海に飛び込んで
お菓子などを拾う大道芸を披露する親子

私は今回のミンドロ島での元日本兵の捜索については、正直なところ勝算は限りなくゼロに近いと考えていた。ただまったくのゼロではないとも思った。

このミンドロ島行きは二〇一〇(平成二十二)年の秋のことで、この時点ですでに戦後六十五年が経過していた。たとえその生存しているという元日本兵が二十歳そこそこの若い年齢で終戦を迎えていたとしても、現在は八十五歳になっているはずだ。あるいは実際には九十歳を過ぎているかもしれない。山中に逃亡して潜伏生活を送りながら、そんなに長生きできるとはとても思えない。

小野田のケースを見てもわかることだが、ジャングルに潜み野生動物を捕獲したり、野生の果実などだけを収穫しながら生きながらえることは、ほぼ不可能な話だ。小野田は山麓に暮らす住民が飼育していた家畜を奪って命をつなぎ留めてきた。だからこそ、住民との間で軋轢が起き、元日本兵が潜伏しているらしいことは皆が知るところになったのである。

サイトウ・ヨシツグはこれまで山地民と結婚して暮らしていたが、戦後六十五年もたって初めて日本へ帰国したいと名乗り出てきたという。もしそれが本当だとしても、外国人が六十五年間も隠遁生活をしているのだ。周辺で噂ぐらいは立つだろう。

ただ私は、「マンギャン族と結婚して暮らしている」と聞いたときに、その点に一縷《いちる》の望みがあるのではないかと考えていた。

マンギャン族はミンドロ島の先住民で、現在でも主に狩猟採集と焼畑農耕を生業とする自給自足的な暮らしをしているといわれている。先住民の常として、彼らは農耕に適した平野に住むのではなく、山奥の集落でひっそりと生活していることが多い。

私はアフリカの熱帯雨林に住む狩猟採集民ムブティ・ピグミーを以前に取材したことがある。彼らの暮らしがまさにそうだった。周辺に住む他の農耕民からは蔑視されると同時に畏れられてもいる。民族同士の交流は交易など最小限度であるのが常なのである。

だから、もしサイトウ・ヨシツグがマンギャン族と共に暮らしていたとすれば、周辺の民族とはあまり交流がないかもしれない。それに元日本兵四名で軍服姿のままジャングルに孤立していた小野田らと違い、結婚して民族衣裳を着けるなど、その土地に溶け込んだ暮らしをしていれば元日本兵だと見破られない可能性はある。

私が一縷の望みをつないでいる点はそこだった。

二時間ほどの航行で、ミンドロ島北端のワワという小さな港に着岸した。港には乗客のために行先別に何台かのジプニーとミニバスが待っている。今日中に州都のサンホセへ行く乗り物はないとのことで、マンブラオ行きのミニバスに案内された。

翌日は、一時間おきに出ているというバスで西海岸に沿ってサンホセを目指す。左手には黒々とした山脈が続いている。ミンドロ島には、中央部に標高二千メートル級の山並みが南北に連綿と延びていて山脈を形成している。おおまかにはその山脈の東側が東ミンドロ州、西側が西ミンドロ州になる。

島の主な産業は稲作ということだ。まさにそのとおりで道路の両側には延々と水田が広がっている。すでに稲刈りを終えた田では、のんびりしたもので収穫した籾を道路に広げて乾燥させている。そうかと思えば、十人くらいが集まっていっせいに田植えをしている田もある。南国の稲作では二期作、三期作が一般的なので、作業の忙しい時期が重ならないようにわざと時期をずらして米をつくるのである。

サブラヤンという街を過ぎ、道路が未舗装に変わったとき、明らかに異色の雰囲気を醸し出している集団がバスに乗り込んできた。小柄な男女四人のグループで、男はまだ若いのに褌姿で腰には短剣を差している。男も女も衣服を着けているが煮しめたように黒く変色している。皆、顔立ちは彫りが深く、髪の毛はボサボサだ。

間違いない、マンギャン族だ。隣席の男に尋ねると、彼は軽蔑するようにフンッと鼻を鳴らした。バスの車内には空席も目立つのに、彼らは屋根の上に誘導されている。それなのに車掌はしっかり料金を取っていた。先住民はどこの国でもこうした差別に甘んじている。彼らは十分ほど乗車しただけですぐにバスを降りた。

マンブラオから六時間ほどでサンホセに到着。歩いて宿を探すが、すぐに汗が滴り落ちる。最初に目に付いたホテルに投宿。暑いのでエアコン付きの部屋に泊まりたいが値段が高い。取材費が限られているので、我慢してエアコンなしの部屋にした。

サンホセは徒歩ですぐにひとまわりできるほどの小さな街で、港にはたくさんの小舟が係留されていた。海沿いを歩くと、海中に杭を立てて高床式の家をつくりそこで暮らしている水上生活者も目に付く。漁業が盛んなのだろう、市場にはいろいろな種類の魚が並べられており、周辺は行き交う人たちで混み合っている。

街の中でもけっこうマンギャン族の姿は見られた。道路脇に座り込んで物乞いをしていたり、フィリピンの国民的ファストフード店であるジョリビーの店先で客にお釣りの小銭を恵んでもらったりしている。年配の女性はキセルをくわえている。

サイトウ・ヨシツグさんの消息を求めて

メールで教えられていた住所は、宿泊していたホテルからトライシクルで五分ほどのところだった。数軒の長屋が建ち並んでいる。はやる気持ちを抑えながら、庭先にいた人にサイトウ・ヨシツグ、いやガネオン・ロペスさんのことを尋ねた。

ミンドロ島に限らずフィリピンの農村では水牛は今も家畜として欠かすことができない存在である

今回の件での仲介者、アーウィン・ガリラウという人がこの長屋に住んでいるはずである。しかし、そのような名前の人はこの長屋にはいないという。庭先にいた人はわざわざ並んでいる他の長屋の人たちにも聞きに行ってくれたが、やはりそのような名前の人は知らないという。

ただ、ロペスという名前の人はいるという。

「そのロペスさんという方を呼んでください」と、私は思わず叫んだ。ところが、現れたロペスさんは、どこにでもいる顔の中年のフィリピン人だった。考えてみればフィリピンには、ロペスという名前の人など掃いて捨てるほどいるのだ。

アーウィン・ガリラウという人物については聞いたこともないという。メモしてきた住所を見せると、たしかにこの長屋の住所だという。私の周囲にはいつのまにか野次馬たちが黒山のように集まってきた。野次馬の誰かの「電話番号はないのか?」という声に我に返り、私は手帳に記してきたアーウィン・ガリラウなる人物の番号に急いで電話をかけてみた。

ところが、「この電話番号は現在使われていません」という非情な録音済みの声が繰り返し聞こえてくるばかりである。先月、反町さんがこの番号にかけたときはたしかに通じたというのに。いったいどういうことなのだ。

元日本兵の捜索は、開始早々いきなり暗礁に乗り上げてしまった。しかし、私はこうなることはある程度予測していたので、ああやっぱりな、と思っただけだった。実際にコンタクトできる仲介者は、そのアーウィン・ガリラウという仲介者しかいないのだ。しかも彼に実際に会った人は誰もいない。

私はホテルに戻ってベッドに寝転び、天井でグルングルンと大きな音を立てながらまわっている扇風機をぼんやり眺めながら、この先どのように動くべきか考えていた。そのとき、携帯電話が鳴った。先ほど訪ねた長屋の人からである。

「バランガイ・マビニに行ってみたらどうですか。ロペスさん家族や親戚がそのあたりに住んでいるらしいですよ」

フィリピンの残留日本人二世を訪ね歩くなかで、フィリピンにおいてはこうした伝聞や噂というものを一蹴することはできないと何度か思い知らされたことがあった。たとえば戦前に移民してきた日本人男性の妻だった九十八歳の女性に会うことができたのも、元をたどればたまたま乗車したタクシーの運転手から聞いた話が発端になっている。

現代の日本人とは異なり、フィリピン人が一番大事にしているのが他人とのコミュニケーションや関係性であるように思う。だから、誰かを探しているとなれば、隣近所にすぐその話が伝わり、有用な情報がもたらされることが少なくない。

家族や地域のネットワークが、日本とは比較にならないぐらい緊密に張り巡らされている。日本人より経済的には断然恵まれていない平均的フィリピン人が、年金や介護施設に頼らなくても老後を楽しく生きていくことができるのは、まさにこうしたセーフティーネットが機能しているからだといえる。

たとえ手がかりになるものが頼りなくても、最終的に探している人に会うことができたのはフィリピンでは一度や二度ではない。私は、サイトウ・ヨシツグさんの捜索でもそれはある程度可能なのではないかと考えていた。

トライシクルを捕まえ、その教えられたバランガイまで走ってもらう。情報がある限り、それを追いかけてみるべきだ。サンホセを外れた田園風景の中に小さな集落があり、そこが教えられたバランガイだった。ちなみにバランガイとは最小の行政単位のことである。ミンドロ島北端から続く山脈がかなり近い位置にのぞめる。

ロペスさんという人物はたしかにここにいるが、やはり人違いだった。日本人が誰かを探しているぞと、またしても黒山の人だかりに囲まれる。みんな私が持参した写真を覗き込んでは、「マンギャンだ」とつぶやいている。この写真の人物がサイトウ・ヨシツグさんかどうかはわからないが、どうやらマンギャン族らしいことは確実である。

「この先にパヨボットというバランガイがありますから、そこへ行ってみてはどうでしょう。そこのチーフがマンギャン族について詳しいですから」

写真を手にした人が進み出て言うには、パヨボットと呼ばれる五キロほど先のバランガイから徒歩二時間ぐらいのところにカリニサンという村があり、タガログ語とビサヤ語の他に日本語らしき言葉も話す老人が住んでいると聞いたことがあるという。

フィリピンの男たちはふだん怠けているように見えるけど、いざ他人が困っていたりすると俄然やる気を出して、あちこち熱心に電話をかけてくれたりするところがある。こちらとしては手がかりの糸はすでにプツンと切れてしまったわけだから、新たな流れに乗っかるしかない。

トライシクルの運転手もいやに積極的である。市内の短距離のお客とは違って、久しぶりにワクワクするような話題を提供してくれるお客（つまり私）を捕まえたのだろう、自ら進んで村人たちに積極的にいろいろと尋ねてくれる。もはや完全に元日本兵捜索隊の一員という感じで頼もしい。

バランガイ・パヨボットに到着し、公民館のようなところで再び写真を見せながら元日本兵のことを尋ねる。あいにく日曜日だったため、バランガイの構成員の方が揃っていなかった。とはいえ、構成員の中のひとりがマンギャン族なのだという。その人に聞いたら何か詳しいことがわかるかもしれない。

この時点で私の腹はすでに決まっていた。元日本兵探索の細い糸がプツリと完全に断ち切れてしまうまで、この細い糸をとことん手繰り寄せてみよう、と。

情報提供者から転送されてきた
「サイトウ・ヨシツグ」さんとみられる男性の写真

翌日、再び同じトライシクルの運転手に迎えに来てもらい、バランガイ・パヨボットまで直行してもらう。公民館に到着すると、すでにバランガイの構成員たちが勢揃いして私のことを待ち構えていた。

その中のひとりがマンギャン族だと紹介される。ただし服装などは他の人とまったく違わない感じなので、そう紹介されてもこちらは頷くだけだ。

「彼はブヒットではないだろうか」

持参した写真を食い入るように見つめていたマンギャン族の男は、静かにそう断言した。彼によると、マンギャン族は七つほどの小さなグループに分かれていて、褌や衣装、作法、風習などが少しずつ異なるのだという。写真に写っている男の褌はブヒットが着用するものに似ているらしい。

「このあたりのマンギャン族はハヌマンというグループです。だから、ブヒットであるとすれば、山脈の麓にあるダンロッグという村に行けば、何か手がかりがつかめるかもしれません」

私に写真を返しながらそのマンギャン族の男は言った。

運転手のほうを見ると、「行きましょう」と目で合図している。もうこうなったら、とことん付き合ってもらうしかないだろう。前方に立ちふさがる山脈に向けてトライシクルを走らせる。起伏が連続する大変な悪路になってきた。地面の土が粘土質なので、雨期になると道路がぐちゃぐちゃになり、そこをトライシクルやバイクが走るのでスリップした跡が大きな穴になってしまうのだ。

私はそれまで座っていた客席から降り、バイクの後部座席に座り直した。運転手が言うには、このほうが車体が安定して運転しやすいのだという。

すぐ近くに山が迫ってきた。我々が向かっているのはサンホセから東北の方角。地図を見ると、西ミンドロ州と東ミンドロ州の境界はすぐ近くにある。日本とは異なる風景のゴツゴツした黄色い岩肌と圧倒的な熱帯の森。「思えば遠〜くに来たものだ〜」という歌のセリフが自然と口をついて出た。

ダンロッグという村はサンホセから三十キロほどの距離だ。しかし、悪路のためにスピードはまったく出せない。道路の凸凹による振動に身を任せながら、運転手のラミールさんと四方山話をしながらの旅となる。旅は道連れという気分である。

ラミールさんはこのトライシクルを五万ペソ（当時のレートで約十万円）で購入した。分割払いで月に二千五百ペソを返済している。本体のバイクが中国製なので少し相場より安いのはよいが、その代わり燃費が悪いとのこと。

フィリピンではどこへ行ってもトライシクルがたくさん走っているのを見かけるが、男性が手軽に開業でき、そこそこの日銭が入るのがこのトライシクル稼業なのだそうだ。

私などはトライシクルの台数が多すぎて過当競争となり、さほど儲からないのではと思っていたが、フィリピン人は歩くことを極端に嫌うため、ほんの目と鼻の先へ行くときでもトライシクルを使う。だから、需要はけっこうあるのだという。

目的地へ着く前に、腹ごしらえをしていこうということになる。こんな田舎の悪路沿いに食堂なんてないだろうと思っていると、ラミールさんは近くに親戚が暮らしているからといって勝手にハンドルを切った。

その親戚とは義理の兄にあたる人で、稲作をする傍ら小さな鉄工所を営んでいるという。急な来訪にもかかわらず、奥さんがテキパキとキャベツと缶詰のツナを炒め、庭の畑で採れたというトマトのぶつ切りを添えて、ご飯と一緒に出してくれた。

食事を終えて再びトライシクルの荷台にまたがる。そうこうしているうちに目的地に到着した。ダンロッグは深いジャングルに沿って拓かれた小さな村。小学生ぐらいの男の子が水牛に荷車をひかせてのんびり歩いている。

ほどなくして好奇心から集まってきた人たちに写真を見せる。村はマンギャン族の集落にもわりと近いそうで、ときどき山から下りてくるマンギャン族に会うこともあるという。

「この写真によく似た老人に会ったことがあるけど、これは昔の写真じゃないのか？」と、腰に短刀を差した中年の男性が写真を何度も裏返しては注視している。

そういえばこの写真がいつ撮られたのかは確認できていない。

「この人、生きていたとしたらもう百歳ぐらいになるんじゃないか。俺が会ったのはずいぶん昔の話だよ」

このあたりの人もときどき狩猟のために山へ入るそうで、その老人はたしかにマンギャン族と一緒に暮らしていたという。他のマンギャン族とは明らかに雰囲気が違っていたからよく覚えているのだそうだ。

「どのあたりで会ったのですか?」

「この村からだったら遠いぞ。山道を歩いて数日はかかるよ。あの山を越えて、東ミンドロ州に入ったあたりだ」

男の話を聞きながら、私は「ここでついに糸は切れたな」と思った。これ以上の捜索は実際には難しいし、やはり戦後すでに時間が経過しすぎているために、元日本兵は年齢から言っても生存していないだろう。

オートバイを改造したトライシクルはフィリピン国民にとってなくてはならない重要な交通手段

反町さんが得た情報でも、その元日本兵の人物が暮らしているのは州境近くということだった。同一人物かどうかは別にして、元日本兵らしき人物が潜伏しているという話はまったくのデタラメというわけではないのかもしれない。ただ時間がたちすぎている。
フィリピンに残留する元日本兵のことをいろいろ調べていたときに、初めて知った話がある。それはかつてミンドロ島でも残留日本兵が見つかり、日本へ帰還したという記録であった。私が生まれる前の一九五六(昭和三十一)年の話だから、まったく記憶にはなかった。この元日本兵は戦後十一年目にしての祖国への帰還だったことになる。
このとき山本繁一や中野重平ら四名の元日本兵が帰還を果

たした。終戦時には七名が一緒だったそうだ。十一年間で三名がすでに命を落としていた。戦後二十九年目に発見された小野田寛郎の陰に隠れてあまり知られていないことだが、こうした元日本兵も実際に存在したのである。

また、今となっては真偽を確かめようがないが、私が今回捜索した東西ミンドロ州境界付近では過去に十名単位の元日本兵が、マンギャン族に水田の耕作方法などを教えながら共存していたという話も残っている。そのうちの何人かはマンギャン族の女性と結婚したという。

そうした残留日本兵はたしかに存在した可能性が高い。また彼らが逃亡兵である可能性も高い。軍規では敵前逃亡は重い罪が科せられる。そうなると日本へ帰国するよりは、現地で家族を持って根を下ろしたほうがよいと思う人がいても不思議ではない。

結論から言うと、今回の元日本兵捜索の話はガセネタであったと思う。おそらく仲介者が、興味を持った日本人から何らかの形で金を巻き上げる算段だったのだろう。フィリピンではいかにもありそうな話だからだ。ただし、なぜ仲介者が突然、姿を消したのかは謎である。

これはあくまでも私の勝手な推測だが、サイトウ・ヨシツグなる元日本兵（本名がそうとは限らないが）はかつてたしかにマンギャン族と一緒に戦後もミンドロ島に残留しており、平地に暮らすフィリピン人との交流もあったのではないだろうか。

小野田寛郎のように「戦争はまだ終わっていない」という状態ではなかったため、元日本兵ということさえバレなければ、特に注目を浴びることなく静かに暮らしていけたはずである。フィリピンには民間人である日系二世があちこちに存在していたことも大きかったはずだ。

そのときに撮影された写真がその後、誰かの手に渡り、残留日本兵の捜索と絡めて金を引き出そうとしたのが、今回の話の発端だったような気がする。もちろん真相は藪の中ではあるのだが。

最近では二〇〇五（平成十七）年にもミンダナオ島で同様の騒ぎがあった。このときもやはり先住民のモロ族に溶け込む形で残留日本兵らが暮らしているという話だった。日本の新聞でも大きく取り上げられたから覚えている方も多いと思う。所属する部隊名や残留日本兵の名前まで具体的に挙げられて、発見・帰還は時間の問題のように思われたものである。

しかし、このときも、結果的には残留日本兵が姿を現すことはなかった。寄せられた情報が正しくなかったからである。

今後もおそらくこの種の残留日本兵絡みの話は、何度でも形を変えて出てくるだろう。あたかも草葉の陰に消えた元日本兵の亡霊が「俺たちのことを忘れていないだろうな」と訴えるかのように。

11章　「私はこの手で四人を殺しました」

九十歳の元日本兵

静岡県のJR掛川駅で第三セクターの路線、天竜浜名湖鉄道に乗り換える。白地に赤と青のストライプが入ったかわいらしい列車は一両で運行されるらしい。沿線の風景を楽しむ間もなく二十分ほどで目的地の遠州森《えんしゅうもり》駅に到着した。

古い木造の駅舎で改札業務をしていた駅員にメモしてきた住所を見せる。どうやらそちら方面へ公営バスは走っていないらしい。それで駅前で客待ちをしていたタクシーに乗り込んだ。

市街地を抜けるとすぐに山に囲まれた風景に変わった。川に沿ってどんどん上流へと向かう。駅でもらった観光パンフレットには、私が向かう森町のことについて次のように説明されている。

「自然豊かで名刹が残る森町は、遠州の小京都とも称される風情漂う歴史の町。古くからお茶の栽培が盛んで、新茶の収穫時期には初夏の風に乗ってお茶の香りがホームに漂う」

タクシーの後部座席で今から訪ねる家の住所を眺めているうち、急に不安になってきた。財布にあまり現金が入っていないことを思い出したからである。メーターの上がる速度がいやに早く感じられる。ひやひやしているうちに目的の家に到着した。農家だと聞いていたが、なるほど大きなお屋敷である。

タクシーが乗り入れた音を聞きつけて、ひとりの男性がゆっくりと顔を出した。インタビューを申し込んであった川崎恵一郎さんである。川崎さんはその大きな屋敷ではなく、庭の片隅に建っている隠居部屋のほうへ招き入れてくれた。

十畳ほどある広い畳の部屋は、足の踏み場もないくらい細々したもので埋め尽くされていた。天井からは太いロープが二本ぶら下がっている。これは何のためなのかと問うと、畳から立ち上がるときに使うのだという。足腰がだいぶ弱っているらしい。

川崎さんのことを知ったのは、ルソン島のバギオに滞在していたときである。戦没者の慰霊に訪れていた遺族の方から、かつて兵隊としてフィリピンを転戦していた方が静岡県で現在も健在で、お茶の栽培に従事されていると聞きおよんだ。この方もまた毎年のようにフィリピンへ慰霊に訪れていたが、最近は年齢のために訪れる機会が減っているとのことだった。

私はこれまで数多くの残留日本人二世に会い、戦前戦後の話を聞いてきたが、できれば当事者としてフィリピンへ送られた日本軍の元兵士の方にもお会いして、実際の戦闘の様子などを教えてもらいたいものだと願っていた。

日本軍だけで戦死者五十万人を数えるという空前絶後の規模の戦闘が行われたフィリピン。実際にその戦地に派遣されて戦闘に加わり、敵とどのような戦いを演じ、またどのようにして無事に生還することができたのか。

戦後はそうした元日本兵による手記がたくさん出版され、私も何冊かは目を通していた。だが、やはり当事者としてのナマの声を聞きたかった。

川崎さんは私が自己紹介を終えるやいなや、自分が兵隊に召集された時点から順を追って話を進めた。あとで知ったのだが、川崎さんは自分の戦争体験記を出版するつもりで、コツコツと原稿をまとめていたのである。だから、話は筋道だっていてわかりやすかった。

「徴兵検査は二十歳の誕生日に行われるものでしてね、私の場合は昭和十六（一九四一）年でした。その年の暮れに戦争が始まったのですな」

検査を終えて村に帰ると報告会が待っていた。村長らが居並ぶ前で、「甲種合格、川崎恵一郎」と報告した。徴兵検査では身体強健な者から甲種、第一乙種、第二乙種、丙種、そして身体もしくは精神に何らかの著しい欠陥を持つ者は丁種に分類された。

「出征したときはたくさんの村人に万歳三唱で見送ってもらいました。そりゃあ誇らしい気持ちでしたよ、そのときは。母も万歳してくれました。でも、父は無言でした。何か思うところがあったのでしょう」

川崎さんは日本が真珠湾を攻撃して開戦の火ぶたを切る日の八日前に、名古屋にあった部隊にまず入隊した。

「入隊が決まったとき、喜んでくれると思った祖父が、手足の一本や二本なくなるのは覚悟しているけど、とにかく生きて無事に帰れと言ったんです。今だったら私も孫に同じことを言うと思うけど、あのときはいったい何を言ってるのかと腹が立ちました」

あまり立ち歩かなくてもよいように必要なものは近くに置いてあるという
川崎恵一郎さんの隠居部屋

部隊では主に重量が六十キロもある九二式重機関銃（通称MGと呼んだ）の扱い方を訓練した。そして、一九四二（昭和十七）年四月、いよいよフィリピンへ向けて広島県の宇品港から出航することになった。乗船したのはブエノスアイレス丸という、かつて南洋航路で使用されていた客船である。

十日間ほどかけてルソン島のリンガエン湾にあるダモルテスに上陸した。ここから川崎さんのフィリピンでの兵隊暮らしがスタートするのである。

「上陸したらすぐにアソコが痛くなりましてね、小便すると血も出るようになった。悪い遊びもしていないのにおかしいなと思っていたんです。そしたら初年兵はみんな同じ症状が出ていることがわかりました」

慣れない異国の生水を飲んだのが原因

だったらしい。このとき初めて外地に来たのだと実感した。マラリアの予防のため、部隊からは抗マラリア薬・キニーネの錠剤が支給され、最初のころは毎日飲んでいた。

「そのころは治安も良くてね。我々が次の駐屯地へ向けて行進していると、現地の人たちは沿道にずらりと並んで、ニコニコしながら手を振ってくれたものですよ。日の丸で出迎えられたときもあったなあ」

川崎さんがそう懐かしがるように、日本が占領軍としてフィリピンへ上陸した当初は、民衆の多くに歓迎されていたようである。その事実は他の元日本兵が書いた手記を読んでもうかがえる。「大東亜共栄圏の建設」、「鬼畜米英からのアジアの解放」という勇ましい戦争の大義に加えて、フィリピンの民衆からの支持も得ていると、おそらく行進する兵隊らの気持ちも誇らしく高揚していたことだろう。

フィリピンで川崎さんが所属したのは、第十六師団の指揮下にある歩兵第三十三連隊の「垣」第六五五七部隊。「垣」というのは兵団をあらわす文字符である。

部隊はマリンドケ島を経て、ミンドロ島へ上陸した。ミンドロ島へは合計で二年以上も駐屯したという。

米軍と直接交戦するような大規模な戦闘はなく、ある意味で平和な島だった。ただフィリピン人武装ゲリラは活発に活動していたため、彼らを討伐する目的で西ミンドロ州の大半の地域へ足を延ばした。

「ジュタイという名の現地の女がいましてな。兵営の近くに住んでいたからすぐに仲良くなりました。一緒にボートで珊瑚礁の島へ遊びに行ったりしたものです。お互いに若かったですから。結婚してくれと言われて困りましたよ。その子の父親も日本軍を除隊してここに残りなさいと言ったものです」

川崎さんの青春の一コマなのだろう。この話を聞いて思い出したのが、水木しげるの描いた戦記物の漫画だ。『敗走記』(講談社文庫)という単行本の中に収められている「カンデレ」という物語がそれである。場所はパプアニューギニアのある島。津田という二等兵が現地の女性と恋をするのだが、その顚末を描いた作品である。「カンデレ」は現地語で「友だち」以上の強い結びつきを指す言葉らしい。

漫画であるのでもちろんストーリーは脚色されているだろうが、若い男女が近くにいれば戦争中の異国であっても、「津田」や川崎さんのような淡い物語は実際にたくさんあったことだろう。ただ川崎さんによると、フィリピンの女性はプライドが非常に高く、日本の兵隊が手を握ろうとするとピシャリと拒絶されるのがオチだったという。川崎さんは戦後、捕虜収容所に収監されて取り調べを受けることになる。ある嫌疑をかけられて大変な窮地に陥ったのだが、そのとき助けてくれたのがこのジュタイだった。

詳細は後に譲るが、彼女がいなかったら川崎さんは、もしかしたら日本へ帰還できなかったかもしれないという。

駐屯している兵営では、朝食の後は体操をして、その後は交代で歩哨に立つぐらいが任務だった。近くの村の人たちともすぐに顔見知りとなり、暇にあかせてタガログ語を彼らから学んだりした。対日感情は当初はまったく悪くなかったという。

「あの女を殺《や》ってくれ」

しかし、ミンドロ島での駐屯の平和な日々に過酷な試練がやがて訪れることになる。

「重機関銃隊の分隊長が渋い顔をしながら宿舎に入ってきました。しばらく寝台に寝転んでいましたがやにわに立ち上がり、オイ、サカイと川崎であの女を殺ってくれと命令を受けたのです」

あの女というのは、フィリピン人武装ゲリラの拠点を討伐した際に捕虜として捕まえてきた三十歳くらいの美しい女性だった。ゲリラの隊長の愛人ということであった。

川崎さんは食事の際、いつも当番としてこの女性に料理を運んでいたから、お互いに挨拶を交わすような関係になっていた。その女性を突然殺せと命じられたのである。連隊本部からの命令だという。当然ながら、このときまで人を殺《あや》めた経験などなかった。

村の教会の裏側にさっそく穴が掘られた。そして、この女性に目隠しをして穴の縁に立たせた。女性は命乞いをするわけでもなく、手で十字を切りながら静かに祈りを捧げていた。川崎さんと同僚のサカイは、彼女の背後から同時に一気に銃剣を突き刺した。銃剣は根元まで入ったという。

「そのとき躊躇したりはしなかったのですか。そんなに簡単に人を殺められるものなのですか」

私は思わずそう詰問した。いくら軍隊の訓練で銃剣を取り扱うとはいっても、相手は生身の人間である。命令を受けたからといって、いきなりそう簡単に銃剣を一突きにすることなどできるものだろうか。

たぶん私の質問がかなり非難めいた調子だったのだろう、川崎さんは居住まいを正して私の顔を正面から見据え直し、いくぶんか興奮した面持ちで早口に答えた。

「船尾さん、当たり前だけど戦争に行ったことがないあなたにはたぶん理解できないと思う。私にもこれが戦争というものだとしか答えようがないのだよ。いいですか、軍隊では上官の命令は絶対だと骨の髄まで叩き込まれるんです。そして、その上官の命令は天皇陛下の命令だと思え、と」

戦前の陸軍に適用されていた通常の軍法会議では、軍属などにある法曹者らによって裁判が開かれた。だが、太平洋戦争が始まると敵前逃亡や命令不服従などの大きな問題が出てくるため、これに対応するために臨時の特設軍法会議が取って代わることになった。

特設軍法会議においては、裁判は将校三名が同席すれば開廷できる。また罪を犯した軍人には弁護も上告も認められていない。つまり事実上、将校ら上官に対して兵隊はなんら主張する権利など認められていないのである。それはとても裁判と呼べるような代物ではなかった。

軍隊にとって一番怖いことは、兵隊がてんでばらばらに権利を主張することである。敵を殺傷するという軍隊の目的が維持できなくなる。したがって、軍隊の指揮系統をいかに維持するかというのが、そもそもの軍法会議が設置される目的であって、個人の権利や主張というものははなから認められていないのが軍隊なのである。

上官が「殺せ」と命じれば、相手が女性であろうと子どもであろうと、その命令に背くことはできない。もし背けば、自分が軍法会議にかけられて処罰される。場合によっては銃殺刑もあり得るだろう。

川崎さんは戦時下におけるそのような軍隊という組織が内包している特殊性は、憲法に守られた戦後生まれの私などには、とても理解することができないだろうと言っているのだ。

「いま自分らが暮らしている社会では殺人は犯罪で厳罰に処罰されます。法に守られた社会ではそれが常識ですよね。でも、軍隊の存在する目的は敵を殺すことなのです。だから、その軍隊の内部にいると、敵を殺すことが常識になるんですよ。人間の考えていることなんてその程度のものですわ」

そして、こう続けた。

「戦争なんてやるものじゃない。人間が変わってしまいます。絶対にやってはいけないことです」

二回目に敵に手をかけたのはそれから間もなくだった。部隊の日本兵が襲撃されたという報を受けて飛んでいくと、五名の兵隊が惨殺されていた。耳と鼻が切り落とされ、陰部までもが切り落とされていた者もあった。装備もすべて略奪されていた。

「仲間たちがやられたこういう現場を目の当たりにすると、人間は気が荒くなるんです。そのうちに感覚も麻痺してきて、敵ならば簡単に手をかけることができるようになっていくのですよ」

この五名の兵隊の惨殺に加わったというフィリピン人武装ゲリラが、山中に潜んでいるという情報が現地の人からもたらされた。戦争が始まった当初は、フィリピン人の中にも日本軍に協力的な人間は少なくなかったという。

植民地にしているアメリカこそが出て行くべきだと考えている人や、日本がそのうち自分たちの独立の手助けをしてくれると期待していた人たちである。

「討伐に向かうと、二名のゲリラが川で魚を獲っていました。それでそいつらを捕まえて、アジトを聞き出すために拷問にかけたんです。天井から紐で吊るして、その下から火を焚いて煙で燻しました。そうしたら男の身体が火傷でひどいことになりましてね。もう帰すわけにもいかないから殺せということになったのです」

その男を正面に立たせて、川崎さんは銃剣を一気に心臓に突き刺した。その勢いで、もうひとりの男にも手をかけた。仲間の敵討ちだという気持ちが強かったという。もうひとりの男が本拠地の場所を白状したため、部隊はそのままさらに奥地へ向かった。川を渡渉中に相手に見つかったため銃撃戦になり、敵はジャングルの中へ逃走していった。

兵隊も二年目になるといっぱしの風格が出てくるという。あるとき中隊に連行されていた捕虜を殺せという上官の命令が下ったことがあった。このとき川崎さんは何人かの初年兵に付き添って、捕虜を立木に縛り付けた。こういう仕事は、だいたいにおいて末端の初年兵などが担当させられることが多いらしい。

「自分が教えられたように、こういうときは五メートルくらい助走してその勢いで銃剣を突き刺すように彼らに教えたのですが、初年兵はビビッてみんな手前で止まってしまうんだよ」

おそらく軍隊に徴集された人はみんなそうだと思うが、敵と戦うことイコール銃火器で敵を撃つ、というイメージしか持っていないのではないだろうか。

日本で訓練を受けていたときに、戦地でまさか自分がその手で直接捕虜を殺害するなどという行為を想像できた者がいただろうか。初年兵がどうしても銃剣を突き刺すことができない光景を想像すると、それはあまりにも痛々しい悪夢にしか思えない。

「それで結局、私が見本を示したのです。捕虜が死んでから、練習の意味で初年兵に何度も何度も突かせました」

一九四四（昭和十九）年の末ごろから戦局は一変する。レイテ沖の海戦で日本軍は敗北し、もはやフィリピン全島への米軍再上陸は時間の問題となっていた。川崎さんの部隊も転戦を命じられ、マニラのマッキンレイ桜兵営と呼ばれていたところへ移った。

そこはアメリカの植民地時代に軍の士官学校があった場所で、戦後はフィリピンで戦死した軍人を祀るアメリカ陸軍記念墓地になっている。

桜兵営では迫り来る米軍上陸に備えて、盛んに塹壕掘りなどの陣地構築が行われていたという。アメリカ軍はまだ地上部隊を上陸させてはいなかったが、すでに完全に制空権を握っており、毎日のように空襲があった。

「もうここで死ぬんだな、と覚悟していました」

首都マニラは一九四五（昭和二十）年に入ってから、日本軍と米比軍（アメリカとフィリピンの連合軍）との間で壮絶な市街戦の舞台となった。日本軍はこれに敗れたのを契機に、ルソン島北部の山中へと撤退が始まることになる。マニラではこのときの市街戦の巻き添えで市民約十万人が死亡しており、対日感情は一気に悪化していくのである。

マニラの旧市街にあるサンチャゴ要塞は、スペイン統治時代に建造された砦だ。日本軍が入城してからは憲兵隊本部として使用されていた。捕虜収容所としても使用されていたのだが、日本軍は撤退の際に捕虜を焼き殺した。このことも、戦後のフィリピン人の日本に対する悪感情の原因になったという。

「突撃一番」という名のコンドーム

川崎さんの部隊はマニラ市街戦が起きる前に、バギオ方面への転戦を再び命じられたが、その数年前の日本からミンドロ島への駐屯に向かう際にサンチャゴ要塞へ立ち寄ったことがあるという。それは憲兵隊本部内に慰安所が設置されていたためである。

「竹で仕切られた三畳くらいの部屋が並んでいました。部屋の中にはベッドがひとつと女がひとり。女はようわからんけど朝鮮人みたいだったな。部屋に入ると女が横たわっていて、乗れと手招きされて。終わったらベッドの脇に紫色の消毒薬が入った洗面器がありましてな、それで洗うのです」

各部屋の前には数十人の兵隊が順番を待っており、次に入る人はその場でコンドームを着けたままで待つのだという。私は川崎さんの説明を聞いて、あまりにも間抜けな兵隊の様子を想像してみたが、そんな状態でコンドームなど装着できるものなのだろうか。事実だとしたらあまりにもシュールすぎる光景である。

「コンドームは最初のころは月に二個支給されていました。桜の花と軍刀の絵が描かれていて、たしか『突撃一番』という商品名だったと思います」

突撃一番。コピーライター出てこい、と言いたくなるようなネーミングである。慰安所の料金は覚えていないということだったが、前払いで、番号札をもらって列に並んでいたという。

「この女たち、カネ持っているなあと思いましたよ。なんせね、軍票でタバコを巻いて吸っているんですから」

フィリピンへ送られた川崎さんが所属する連隊は、マニラ市街戦の直前に七百名ほどが集結してバギオへ向かっていた。戦車部隊や単車部隊も一緒だった。かつて日本からの移民の労働力によって完成したベンゲット道路を通過したが、あまりの急勾配に戦車のエンジンのギアがオーバーヒートしたりして大変だったという。

三月に入ると、アシン川に沿ってリンガエン湾からバギオ入城のために登ってくるアメリカ軍を阻止せよという命令が出された。川崎さんは六十キロもある重機関銃をひとりで背負い、腰まである川を渡渉したという。

そして、切り込み隊として激しい交戦が始まった。実際のアメリカ軍との戦闘はこのときが初めてだった。そのとき、敵軍が撃ってきた迫撃砲の弾がすぐ近くで炸裂。金属の破片が飛び散って、ひとつが川崎さんの右手の甲を直撃した。

神経が切れたのか、右手の指が機関銃の引き金からどうしても離れなかった。左手で指を一本一本むしり取るようにして引き剝がした。あと数センチずれていたら頭か顔に当たって即死していたのは間違いなかったという。

「この日は三月二十一日だったのですが、のちに復員して母親と話していたときに、実家で不思議なことが起きたのを知りました。母親は毎日陰膳《かげぜん》を据えて、私が無事に戻るよう祈っていたのですけど、この日、その茶碗が突然パリンと音を立てて割れたというのです。そして、弟が起きてくるなり、恵ちゃんが死んだと口走ったそうです。もう驚きましたよ。そんなことがあるんですな」

負傷した川崎さんはバギオの病院へと送られた。しかし、病院とは名ばかりで、薬があるわけでもなく、食料も自分で調達しなければならなかった。

戦時中、マニラのサンチャゴ要塞には日本軍の司令部が置かれていた時期もあった

そのうえバギオも危険になってきたため、日本軍はさらに山岳地帯の奥地へ転進するという。病院もサガダ近くのボントックまで後退することになった。転進といっても車があるわけではないので徒歩である。

「私は他の兵隊に比べたら軽傷だったから、毎日のように死体を埋める穴掘りを手伝いました。それ以外はだいたい食料を探しに出て、サツマイモ掘りでしたね。まあ穴ばかり掘っていました」

足を負傷した兵隊は自分で食料を探しに行くことができないため、大多数が餓死したという。手榴弾を使って自害した人も多く、後始末が悲惨だったという。手足も頭も吹き飛んでしまっていたからである。

「手榴弾は口で信管を抜いた後、岩角などにぶつけるんです。すると、ビリビリって音が出るのですよ。だいたい四秒後くらいに爆発するよう設定されていますから、敵に向かって投げるときはちょうど相手に届いたときに爆発するように間を置くのです」

しかし、ほとんどの人は、ビリビリの音が聞こえると、怖くなってすぐに投げてしまうものらしい。

「これでよく魚を捕まえましたよ。仲良くなった看護婦さんらと一緒に川へ行って手榴弾を投げ込むと、魚が白い腹を見せて何十匹も流されていくんです。それをキャーキャー言いながら追いかけて捕まえました」

フィリピン人のおかげで戦犯を免れる

川崎さんが、日本が負けたことを知らされたのは九月ももう中旬になろうかというときだった。そのころにはアメリカ軍機からの空爆はすでに止まっており、その代わりに投降を呼びかけるビラが盛んに撒かれていた。だが、本気にする者はいなかったという。

日本の敗残兵たちは収容所へ連行されると、そこで武装解除され、軍の携帯食（レーション）

を支給された。肉の缶詰、ビスケットにチーズ、甘いお菓子、タバコ、それにマッチまで入っていた。

バギオの北方九十キロ地点でトラックの荷台に乗せられ、闇夜の中をバギオの仮収容所へ向かった。

「支給されたレーションを私は小分けにして食べていました。この先まだどうなるかわかりませんでしたから。でも、飢えから我慢できなくて一度に二個とか三個とか食べたやつがいて、下痢になって死ぬ者も多かったですね」

川崎さんの記憶によると敗残兵として武装解除されたのはバギオ北方の標高が最も高い道路付近だという

それまでの飢餓状態から一気に高カロリーのものを口にしたら、たぶん胃腸が受け付けないだろう。しかし、それでも口は食べることを欲したのだと思う。ルソン島での戦死で一番多かったのは餓死といわれている。

バギオからさらにリンガエン湾にある収容所へ送られた。沿道では地元住民らから口々に、「バンケーロ（馬鹿野郎）」とか「パタイ（死ね）」とか罵られ、なかには石を投げてくる輩もいた。

フィリピンへ初めて上陸したときは日の丸を振って迎えられたというのに……。敗残兵の情けなさをひしひしと感じたという。

その後は無蓋の貨車に詰め込まれて、マニラ南方のラグナ州カンルバン捕虜収容所へと送られた。カンルバン収容所には戦犯容疑者が集められており、川崎さんはおそらくミンドロ島でのフィリピン人武装ゲリラ殺害の容疑がかけられたものと思われる。

「憲兵隊員たちは戦犯ということでモンテンルパの収容所へ送られたと聞きました。我々はこのカンルバン収容所でいろいろと取り調べを受けました。労働などはなかったですね。暇を持て余していたせいか、とにかく腹を空かせていました」

捕虜収容所では、戦犯容疑で軍事裁判に送るかどうかのアメリカ軍による予備審問が行われていた。それらの手続きは国際法上に則って行われたが、将校クラスはともかく末端の一兵卒たちにその意味が理解できていたかどうかは疑問だ。

川崎さんの証言からもわかるように、「上官の命令は天皇陛下の命令だ」などと考えていた当時の日本軍の兵隊が、捕虜の扱いについての国際的な法令の知識を有していたとはとうてい考えられない。

カンルバン捕虜収容所は内部でいくつかのキャンプに分けられており、川崎さんたちは戦犯容疑者のみを収容した第四キャンプに入っていた。このキャンプだけで一万人ほどが収容されていたという。

戦争終結後、フィリピンには約十一万五千人の軍人・軍属と、約二万五千人の一般市民の日本人が滞留していた。これらのすべての日本人がいくつかの収容所に分散して収容され、取り調べを受けたのである。

当然のことながら日本本土でも連合国占領軍によって同時期に戦犯容疑者が取り調べを受けていた。

「山下奉文司令官が処刑されたという話は、瞬く間に収容所内を駆け巡りました。私らは最後まで一緒にルソン島の山奥で戦っていたという気持ちがありましたから、その日は抗議の意味を込めて朝食を拒否しましたよ。今でいうハンガーストライキですか」

処刑の前日の夜、アメリカ軍の車両が数十メートルおきに連なって、カンルバン収容所の鉄条網の周囲をぐるぐると走りまわっていたことを川崎さんは覚えている。おそらく、山下奉文司令官の死に抗議して日本軍の戦犯容疑者らが暴動を起こすことを怖れていたのだろう。

ある日、別室に呼び出された川崎さんは、これまでの取り調べとは様子が異なることに気づいた。MP（憲兵）の腕章をつけたアメリカ軍人の言葉を横に座っている日系人が通訳する。質問の内容はかなり具体的だった。

「ピンときたんですね。ああ、あのことを知りたいのだな、と」

あのことというのは、ミンドロ島に駐留していたとき、捕虜としてしばらく兵営に置いていたひとりのアメリカ軍兵士のことだった。川崎さんたち日本軍の兵隊は、その捕虜をドラム缶で沸かした風呂に入れ蓋を閉めて虐待したことがあった。終戦後におそらくその虐待を受けた兵士が、軍事裁判にかけるよう要請したのだろう。

もちろん川崎さんは「知らぬ存ぜぬ」を貫き通した。もし自分が関わったことを白状すれば、日本へは帰還できないだろうという覚悟があった。

「ところがですね、もう非常に驚いてしまったのは、あのジュタイが連れられて来ていたのですよ。いわゆる首実検というやつですか、私はアメリカ軍の情報収集能力のすごさにもう唸るしかなかったですね」

ジュタイというのは、この章の冒頭でも取り上げたが、ミンドロ島に駐留していたときに仲良くなり、一緒に遊びに出かけたりしたこともある少女である。アメリカ軍は彼女を証人として遠くミンドロ島から連れてきていたのだ。

「でも、結局は、あのジュタイに助けられたようなものですな。彼女は私のことを、そのような残酷なことをする人ではありませんときっぱり証言してくれたのです。日本に帰ることができたのも彼女のおかげですよ」

ちょうど一年におよぶ収容所生活の後、川崎さんはようやく容疑を解かれ、マニラから長崎県の佐世保港へ向かう引き揚げ船に乗ることができた。終戦の翌年の八月のことだった。

同じ部隊に所属していた兵隊は七百名ほどいたが、日本へ無事に生還できたのは六十名ほどだったと帰国してから知った。

川崎さんは日本軍兵士としてフィリピンに滞在中、直接手をかけて四人のフィリピン人を殺害した。しかし、捕虜収容所での戦犯容疑に関する予備審問ではその件については触れられなかった。

それはおそらく殺害した相手がアメリカ人ではなく、フィリピン人だったためだろう。戦争中、アメリカ軍はフィリピン人武装ゲリラに武器を供与するなどして、米比軍として日本軍と戦闘を

インタビュー中に「戦争というものはしてはいけないんです」
と何度も繰り返してつぶやいていた川崎さん

続けてきた。だが、ゲリラはあくまでもゲリラでありアメリカの正規軍ではなかった。

そもそもフィリピン人武装ゲリラ一人ひとりのデータを米軍は保管していたわけではなかったと思われる。彼らの死に関しては、歴史の狭間に永遠に埋もれたままになることだろう。

ふと気がついて時計を見ると、インタビューを開始してから七時間が経過していた。川崎さんを訪ねたのは午前中だったのに、もう夕方になろうとしている。この間、ふたりとも何も口にしていない。私は急に空腹を覚えた。

どこかで食事をしませんかと誘ったが、川崎さんは首を横に振った。老いのため、最近では一日に一食のみ、朝に食べるのだという。

「そうだ、食事といえばこういうものがありますよ」

そう言いながら私の目の前に差し出したのは一本のアルミ製のスプーンだった。柄の部分に「US」という刻印がある。

「私がフィリピンにたしかにいたという唯一の証です」

カンルバン捕虜収容所にいたときに使っていたスプーンなのだという。これだけは持ち帰ることが許された。以来、そのスプーンは大切に保管してきたのである
遠州森駅までは川崎さんが運転する軽トラで送ってもらうことになった。私が取材したときはすでに九十歳になられていたが、なかなか慎重でしっかりとした運転だった。

沿道にはちらほらと茶畑が見える。川崎さんも戦後、日本に引き揚げてからは、お茶の栽培を生業にされていた。お茶の「手揉み師範」として静岡県の無形文化財にも登録されている、と誇

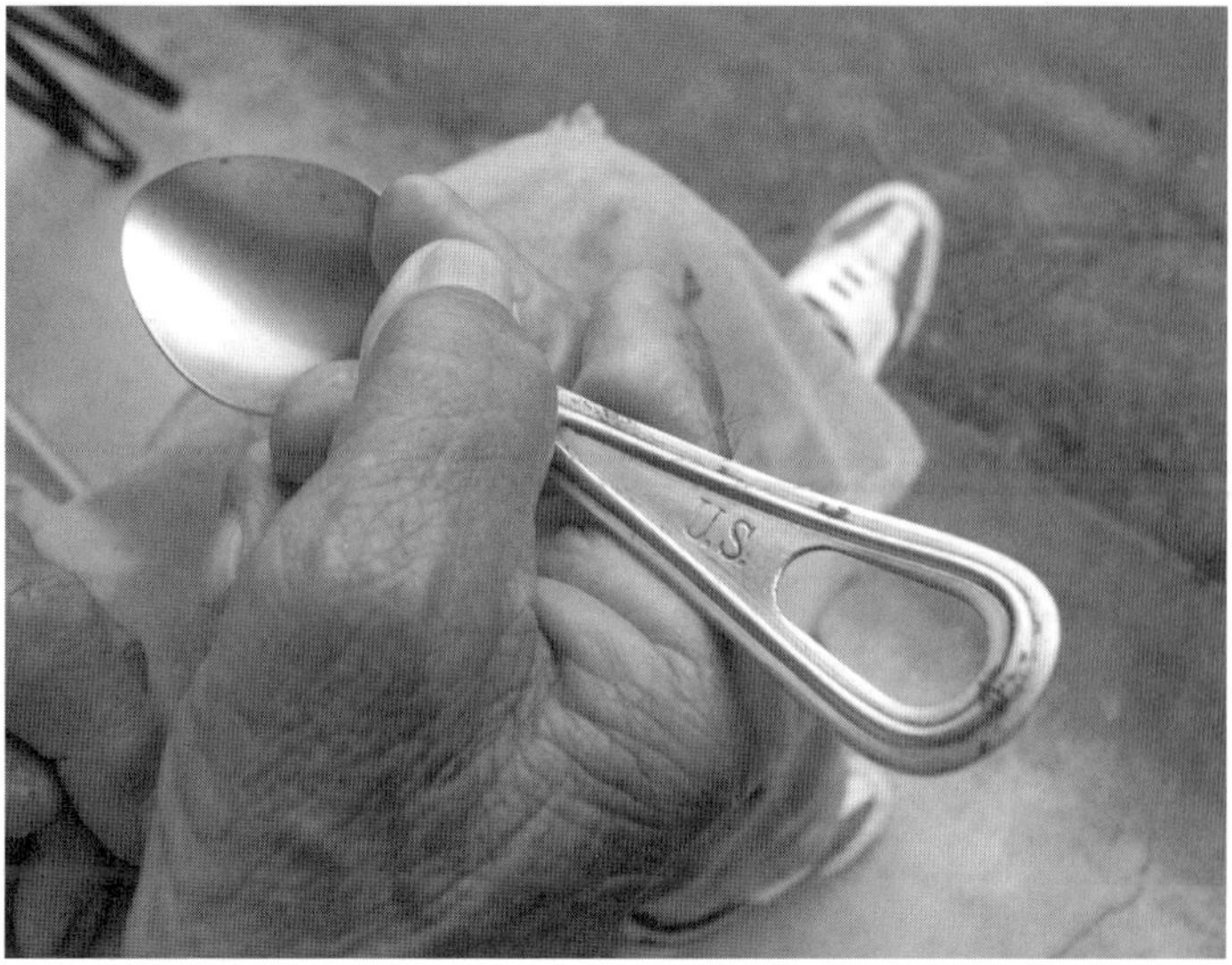

アメリカ軍の捕虜収容所にいたときに使用していたスプーンには「US」の刻印が。
川崎さんは右手の指先３本を戦闘で失っている

らしげに話してくれた。

駅へ向かう途中、私は七時間ぶっ通しで話を聞きながら抱いていたある疑問を投げかけてみた。

「今日のお話、自分には消化するのに時間がかかりそうです。戦地で人を殺めるくだりは相当ショックでした。それ以上に戦争のこと、何も知らなかったことを痛感しました。でも、今日初めて会った私に、なぜここまで赤裸々にお話してくださったのですか」

川崎さんはしばらく無言のままフロントガラスを見つめていた。

「戦争の話は、家の中でも友だちとの間でもほとんどしてこなかった。家族に人を殺したなんて話せるわけがない。復員してみるとまわりは戦争の話なんか聞きたくもないという雰囲気だったな。唯

一、戦友会の仲間とは会えば当時の話になった」
家族や親戚にも今日のような話は一度もしたことがないという。

遺骨収集や戦没者の慰霊のために、つい最近まで川崎さんはこれまで自費で何十回もフィリピンへ渡っている。それが川崎さんにとっての贖罪の方法であり、今ある自分の存在を見つめる旅だったのだと思う。

「もうこの年になると孫が生き甲斐なのですわ。ひ孫を入れたら九人いますよ。私があなたに今日話をしたのは、ジイちゃんは若いころはこういうことをやってきたということを、孫たちにちゃんと伝えたかったからかもしれんなあ。孫には絶対に戦争なんか経験させたくないから」

私が取材した翌年に、川崎さんは九十一歳の生涯を閉じられた。心よりご冥福をお祈りすると共に、川崎さんの遺書とも取れる最後の言葉はしっかりと私が引き継いでいかねばと思っている。

12章　報復裁判——処刑されたある日系二世

呪術師による吉凶占い

ルソン島のバギオに滞在していたとき、ある日系二世の方のお兄さんが亡くなって、山岳民イゴロット式で葬式をやるから参列しないかと声をかけてもらった。

私はこれまでアフリカやアジアの国々で、固有の文化を持って暮らしている民族のフォト・ドキュメンタリーを撮ってきた。

祭礼行事や民間信仰というのは特にその民族が大切にしている価値観が如実にあらわれるものだから、取材中にそのような行事と出会うことは幸運以外の何物でもない。遭遇したいと願ってもなかなかチャンスに恵まれないこともある。特に葬式などは普通どこの馬の骨かも知れない外国人の立場では、参列するのは難しい。

ルソン島北部の山岳地帯に暮らす日系二世の母親の多くは、イゴロットと呼ばれる山岳民族だ。彼らがどのような文化的宗教的背景を持っているのか興味があるし、それを知ることは二世のことをより深く理解するうえでも欠かせない。もちろんありがたく参列させてもらうことにした。

日本人移民の子孫たちを訪ねてフィリピン各地を旅するなかで、特に印象深かったのはルソン島北部のコルディリェーラ山岳地帯に暮らす人々の姿であった。彼らは「イゴロット」と総称される。これは民族名ではなく、どちらかというともともとは蔑称に近い呼び方である。スペインにより植民地化されていたころからの呼び名で、文明の対極にあるというようなニュアンスを含んでいる。わりと最近まで首狩りの風習を守っていた人たちが存在したことも、大きく影響していると思われる。

実際には、イフガオ州のイフガオ族、ベンゲット州のイバロイ族やカンカナイ族、カリンガ州のカリンガ族、マウンテン・プロヴィンス州のボントック族といった先住民を総称する呼び方として、「イゴロット」は現在ではわりと一般的に使われている。

私はこれらの地域を何度か訪れた際、彼らの生活様式や文化、風習にかつての日本人と酷似しているものが多いことに気づいた。また、どことなく風貌や体形、雰囲気も似通っている。

都市部を除いて、彼らの多くは稲作と野菜栽培に従事している。稲作といっても山岳地帯だからひとつの田んぼの耕地面積はさほど大きくなく、山の斜面を削って造成した棚田が多い。彼らが栽培するレタスやキャベツなどの高原野菜は中心地のバギオなどへ出荷され、そこから再びマニラなどへも運ばれていくということである。

イフガオ族が「天国へ昇る階段」と呼ぶ棚田は、その名称のとおり見た人に強烈なインパクトを与えるだろう。千枚ぐらいは連なっているのではないかと思える規模。あまりにも急な斜面。一枚の田んぼが山肌に沿って美しいカーブを描きながら延びている。

ルソン島北部では谷間や斜面が切り拓かれたアート作品さながらの棚田があちこちに見られる

上部から注ぎ込まれた清流は棚田の一枚一枚を潤し、右へ左へと蛇行しながらゆっくりと、時間をかけてはるか眼下の棚田まで流れていくのだ。気の遠くなるような長い年月をかけて、この地に暮らすイフガオ族は石垣を少しずつ築き、棚田を拡張してきた。

急な斜面では水牛などの農耕用の家畜も使用できないから、すべてが手作業となる。畦と畦の間隔が狭すぎて、稲がたった一列しか植えられていないところさえある。まるで人間と自然界が共同でつくりあげた壮大なアート作品そのものといった趣なのである。

茅葺きの家の中央には囲炉裏が切られ、食料を貯蔵する蔵は高床式になっている。高床式の柱にはネズミ返しも付いている。竹やラタン材を使った籠や、機織りもの。おそらくかつての日本の農耕社会というのは、このようなものだったことだろう。

子どもたちが竹馬で遊んでいる姿もあった。また、米麹をつくる際には、稲の穂先を切って麹を広げたザルの中心に立てかけていた。精霊というか神様へ、祈りを込める作法である。日本人と似て体形は胴長短足。そして礼儀を重んじ、嘘や裏切りを嫌う性格。男を立てる夫婦のあり方。私は取材を続けるなかで、イフガオ族をはじめとしたイゴロットたちに次第に親近感を抱くようになっていた。

葬儀は亡くなった方の自宅の居間で行われていた。驚いたことに今日で七日目なのだという。イゴロットの習慣では葬儀はだいたい十日間ほどかける。居間の中央に柩《ひつぎ》が安置されていて花が飾られている。親戚や近所の人たちが集まり、賛美歌のような響きの御詠歌《ごえいか》がしんみりと唱和されていた。

ご遺族の紹介を受ける。妹のジュリエッタ・ロカノさんとイリーヌ・ラゾナさんである。ふたりとも戦時中の生まれで、それぞれ「初子」、「トシ子」という日本名を持つ日系二世だ。

ふたりにお悔やみの言葉を述べると、「今日はマンブーノが来られますよ。ぜひ写真に撮られたらいいでしょう」と返してくれた。私がカメラを首からぶら下げているからだろう。マンブーノというのはカンカナイ語で呪術師の意味だという。

ジュリエッタさんの名前はすでに何人かから耳にしていた。そして、戦後にアメリカ軍によって戦犯として処刑された兄、異母兄弟の東地琢磨《ひがしじたくま》のことも。

いろいろと尋ねてみたいことはあった。だが、葬儀の場でいきなりそういう話題を出すわけにもいかず、今日はおとなしく葬儀の模様だけを見学させてもらうことにする。

先住民の葬送儀礼には豚を使った卜占のような儀式が含まれている

マンブーノが登場して儀式が始まった。中庭に大きな黒豚が引っ張り出され、手伝いの男性三人がかりで横倒しにされる。マンブーノとジュリエッタさん、イリーヌさんが並び、何やら呪文のようなものを唱えた。

マンブーノはコップの水をすくって黒豚と手伝いの男性にかける。たぶんお清めのような意味だろう。

ひとりの男性が進み出て、大きなナイフで黒豚の心臓を一突きにした。血が噴き出した箇所にすばやく竹の棒を差し込む。これで黒豚は絶命した。次に鉄製の台の上に載せられると、バーナーの炎で表面の毛が丹念に焼かれる。毛が焦げる嫌な臭いが立ち込めた。

豚はバナナの葉の上に載せ替えられ、そこで解体が始まる。内臓を出す途中で、肝臓を大事そうに抱えて皿に移した。これをマンブーノがじっと観察して吉凶を占うのである。今日は○

Kが出たようだ。見守っていた人たちが安堵の表情に変わったのが見ていてわかった。凶と出ればやり直しになるという。

日本でもかつてこれと似た儀礼「卜占《ぼくせん》」というのがあった。焼いた鹿の骨の表面のひび割れなどを見て吉凶を占うというものだ。たしか朝鮮半島がその種の儀礼の起源だと聞いたことがある。

黒豚は細かい肉片に分けられ、大釜で茹でられてのちに参列者に振る舞われることになる。居間からは途切れることなく女たちの唱和が聞こえてくる。

軍事裁判と戦犯

ひととおりの儀式が済むと、ランドさんという男性が日本語で話しかけてきた。イリーヌさんの息子で日系三世にあたる。横浜の自動車工場で六年ほど働いていたというだけあって、たどたどしいが日本語を話せる。

「ひとつお願いがあるのです。叔父の東地琢磨の慰霊碑に一緒に行っていただけないでしょうか。実は慰霊碑に書かれてある日本語がかすれてしまって読めなくなってしまっているのです。私は日本語が少し話せますが、書くことができないもので」

お安いご用である。私でできることならぜひ手伝わせてほしいと返事をする。実のところ私は日系二世の取材の過程で知ることになったランドさんの叔父にあたる東地琢磨について、いろいろ調べてみたいと考えていたところだったのだ。

オカルトめいた話に受け止められたくないので、あまり他人に話したことはないのだが、フィリピン全土をまわりながら六十人近くの残留日本人二世の方々に会ってインタビューし、日本軍とアメリカ軍にまつわる戦跡や慰霊碑などを訪ねるうち、何か目に見えない大きな力が私を行動に駆り立てているような気がして仕方がなかった。

たとえば、戦前に移民してきた日本人の妻だった方、元日本軍の兵士だった方、あるいは最近になって洞窟から発見されたばかりの日本軍兵士の骨。会ってみたい、見てみたいと強く念じたことが、いくつかの偶然が重なって現実のものになった。そもそも私が取材を開始するきっかけとなったキアンガンのジョセフィンさんとの邂逅もその一部だろう。

そして、東地琢磨なのである。私はランドさんの申し出に快諾して、翌日バギオ近郊のトリニダッドにある琢磨の慰霊碑へ一緒に出向くことを約束した。

その前に東地琢磨について記しておかなくてはならない。琢磨はここトリニダッドで一九二三（大正十二）年に生まれた。父は和歌山県出身の東地庄三郎。「アボン」発行の「ジャパニーズ・パイオニア」には、若かりしころの庄三郎の肖像写真が掲載されている。農業移民としてトリニダッドへ入植した人物で、肖像写真では背広にネクタイ姿である。

庄三郎は和歌山では八人兄弟の長男として生を受けた。戦前の日本では長男が家を継ぐということが当たり前だったから、その長男が家を出てフィリピンへ移民としてやってくるのは異例のことだったに違いない。何か特別な事情があったのだろうか。

最初の妻はイバロイ族のローサという女性で、輝一と琢磨というふたりの子どもをもうけた。その後、アトック地方から来ていたヘレン・モンテスと再婚し、ジュリエッタ（初子）さんとイリーヌ（トシ子）さんが生まれたのであった。

庄三郎はトリニダッドで他の日本人と共同で三ヘクタールほどの農地を開墾して野菜を栽培していた。戦時中の経歴は明らかではないが、終戦後は日本へ強制送還されている。また長男の輝一さんは一九三二（昭和七）年により良い教育を受けるため日本へ単身帰国している。

琢磨の悲劇は一九四二（昭和十七）年に日本軍がバギオに入城したときから始まったといえるかもしれない。最初は給仕兼雑用係として軍に採用され、その後に憲兵隊のバヨンボン分隊に所属した。そして、ソラノの憲兵分遣隊で通訳の仕事をこなしていた。二十歳のころの話だ。

バヨンボンもソラノも、戦局が悪化するにつれ日本軍が山中へ退却していった拠点となるキアンガンのすぐ近くに位置している。

一九四五（昭和二十）年八月に日本が降伏すると、他の日系人と同様に琢磨もまた戦犯容疑者としてマニラへ連行された。現在はニュー・ピリピッド刑務所と呼ばれているモンテンルパ収容所で取り調べを受けた後、カンルバン捕虜収容所へ移送された。

日本軍が降伏した際、フィリピンには軍人・軍属が合わせて約十一万五千人、日本人一般市民が約二万五千人、合計で十四万人もの日本人が滞留していたが、すべて捕虜として収容所へ送られている。

そして、戦犯容疑者に対する予備審問が順次行われ、容疑が晴れた者から日本へ送還されたのである。十月からアメリカ軍によって開始されたマニラ軍事裁判は、一九四七（昭和二十二）年四月の最終判決まで一年七カ月にわたって続けられたが、その結果、山下奉文第十四方面軍総司令官を含む二百十二名が起訴され、このうち百七十七名が有罪となった。

この他にもフィリピン軍が管轄するフィリピン軍事裁判も並行して審理され、こちらは百六十八名が起訴され、十七名が死刑判決を受けた。

軍事裁判というのはアメリカをはじめ連合国が主導して行ういわば報復措置の側面があり、マニラ以外にも横浜などで行われ、この結果、千名近くが戦犯として死刑判決を受けている。

ランドさんに依頼されて叔父である東地琢磨の
慰霊碑の修繕を手伝った

山下奉文司令官がバギオで降伏文書に調印したのは九月三日。マニラ軍事裁判で死刑判決を受けたのは十二月八日。降伏からわずか三カ月後のことである。常識的に考えればそのような短期間のうちに極刑に該当するかどうか審理できるはずはなく、裁判とは名ばかりの戦勝国による報復に他ならなかった。

十二月八日は日本軍が真珠湾を攻撃した日でもある。ちょうど五年目にアメリカは山下奉文に死刑判決を言い渡すことにより、積もり積もった恨みを晴らしたつもりもあるのだろう。

バギオにおける九月三日の降伏調印式では、アメリカ第八軍司令官のアイケルバーガー将軍、ウエインライト中将、イギリス軍のパーシヴァル中将らが同席した。

ウエインライトは日本軍がフィリピンを占領した際、脱出したマッカーサーの後任としてコレヒドール島を守備するも、最終的には日本に降伏した人物である。

パーシヴァルは、シンガポールで「マレーの虎」と呼ばれた山下奉文に降伏している。パーシヴァルに降伏を迫る山下奉文が「イエスか、ノーか」と強く迫ったことは、よく知られることだ。

この降伏調印式ひとつとってみても、連合国側にとってみれば日本軍に対して恨みを晴らす一種のパフォーマンスの意味合いが濃かった。山下奉文は占領期のフィリピンではいわば「日本の代表者」。裁判とは名ばかりで、降伏した瞬間から彼の処遇は決まっていたといっても過言ではない。

日本人でもアメリカ人でもないがゆえの苦悩

不可解なのは、東地琢磨の扱いである。

琢磨は前述したようにバギオ生まれの日系二世で、戦時中は現地の人に悪評高かった憲兵隊に所属していたとはいっても、あくまでも仕事は通訳である。しかも現地召集だから身分は軍人より下にあたる軍属だ。

ところが、マニラ軍事裁判では、山下奉文が死刑判決を受けたわずか十二日目の十二月二十日に起訴され、その十八日後の翌年一月七日に死刑判決を受けた。将校でもないただの一兵卒がなぜ死刑なのか。それも時間的に見て、十分に審理などされていないことは明らかである。

私の手元に、アメリカ陸軍法務官部局が作成した東地琢磨の裁判記録がある。死刑判決から十二日後にまとめられたものだ。その記録を読むと、被告・琢磨はソラノ近郊で非戦闘員のフィリピン人を多数虐殺、また拷問を行った点が論告求刑されている。いくつかの記述を抜き出してみる。

「Sが生後三カ月の赤ん坊を抱いて友人と街へ出かける途中、被告人はふたりを呼び止め地面に座るよう命じた。六メートル離れて立っていた被告人はふたりへ向けて小銃を発射、弾がSの脚と赤ん坊の尻に当たった」

「被告人とM、S、Tは六十五歳のDを鉄棒で殴って怪我を負わせ、それが原因でDは死亡した」

「バヨンボンの留置場で被告人はMという名の囚人を再三コンクリートの床に投げ倒し、頭や口から出血するほど拷問を加えた。一週間後にMは死亡した」

このような記述が延々と続いた後、琢磨の反証も列記されている。彼はほとんどすべての嫌疑について反論あるいは否定している。それが事実であるのか間違っているのか、もはや調べようがないし、真実は本人にしかわからない。

元日本兵の川崎恵一郎さんに捕虜収容所での取り調べの実態について聞き取りを行ったとき、虐殺や拷問の嫌疑に関して、アメリカ軍がいわゆる首実検を行っていたことを証言している。つまり虐殺や拷問の現場にいたフィリピン人の証人を連れてきて、捕虜となった日本軍兵士の顔を確認させるのである。

琢磨に対してもアメリカ軍は当然同じことを行っているだろう。ただし、ここで注意しなくてはならないのは、琢磨は日本軍の連隊の通訳ではなく、憲兵隊の通訳だったという点だ。憲兵隊の本来の役割は、軍人が軍規を乱さないか監視することである。しかし、フィリピンのような占領地においては、軍警察の役割を担い、任務は治安維持が主であった。

治安維持と書くと立派な仕事のように見えるが、フィリピンで実際に彼らがやったのは、スパイの嫌疑をかけられた現地住民の拷問である。これはマレー半島やシンガポールなどでも同様だ。戦時中の東南アジアでは、人々は憲兵隊のことを「ケンペイタイ」と日本語をそのまま使って呼んだ。その言葉の響きは恐怖心を掻き立てたといわれている。

アジア各地で憲兵隊はスパイの摘発に血眼になり、証拠がなくても拷問を加えたりする例が頻発した。その結果、現地住民からは非常に怖れられる存在だったのである。逆に言うと、戦後はそれだけ憲兵隊に対して、恨みを抱いている住民も少なくなかったということだろう。自分や家族が無実であるにもかかわらず、拷問を受け、場合によっては虐殺されたのだから、それは当然だろう。

そのため、戦後に日本人が捕虜収容所で戦犯容疑として証人喚問が行われた際、容疑者の所属が憲兵隊と聞いただけで、でたらめの証言をして「こいつがやったことに間違いありません」というような事例が少なくなかったのではないだろうか。そのフィリピン人にしてみれば恨みを晴らしさえすればよいのであり、本当の犯人かどうかなど二の次だったことであろう。

ソラノの憲兵分遣隊でも、隊員らは当然のように現地住民をスパイ容疑で拷問にかけたりしたことだろう。その際に琢磨は通訳として住民と会話しているはずで、そういう意味では拷問された人間にとって琢磨は、記憶に残りやすい立場にいたと思われる。

父親が日本人で母親がフィリピンの山岳民というバックグラウンドを持ち、数種類の言語を不自由なく話すことができる琢磨のような日系二世にとってみれば、通訳という仕事は本来、適職であるといえるだろう。しかし、戦時下という特殊な状況下では必ずしもそうではなかった。

日本軍の兵隊が琢磨に完全に心を許していたかどうかは疑問である。フィリピン人武装ゲリラからの襲撃に常に怯え、疑心暗鬼に陥っている日本軍にとってみたら、言葉のわかる琢磨のような人間は最も警戒すべき存在である。もしかしたら日本軍の情報が琢磨を通じて、敵に逐一流されている可能性だって否定できないわけだから。

戦争というのは何も前線でドンパチやるだけが戦争ではないのだ。相手を攪乱させる情報戦というのは戦術の基本中の基本である。

同様に敵である米比軍からしてみれば、母親がフィリピン人であるにもかかわらず、こいつはなぜ日本側につくのだということになる。それも憎き憲兵隊に。武装ゲリラからは裏切り者として見られ、いつ襲われてもおかしくない状況下にある。

それを考えると、戦場においては、日系人の通訳の居場所などどこにもなかったのではないだろうか。その証拠に、先述の裁判記録では琢磨の心の葛藤を示すかのような供述が記されていた。

「被告人は日本軍のために働くのを止められなかった。日本人との混血であるがゆえに、被告人は日本軍将校の命令に絶対服従することを宣誓させられた。被告人がかつて辞職を願い出たことがあったが、上官は国家への反逆行為に当たると被告人を責め立てた。そのため被告人はもし辞めたら殺されるのは間違いないと恐れた。日本軍のために働くことを拒否した別の混血児は実際に斬首された。被告人はまた、もし日本軍から逃げてもゲリラに捕まって殺されると考えていた」

琢磨には逃げる場所がどこにもなかったのだ。自分が生を受けた父母の故郷の国であるにもかかわらず。

死刑判決を受けた後、温泉が出る街として知られているロスバニョスの刑場へ移送された。一九四六（昭和二十一）年二月二三日の早朝四時、マンゴーの大木が生い茂る刑場に設置された十三階段を昇り、琢磨は処刑された。そのとき彼はまだ二十三歳の若者だった。

軍事裁判が始まって以来、この日が最初の死刑執行だった。最初に処刑されたのは山下奉文・第十四方面軍総司令官。次に太田清一憲兵大佐が続く。そして、最後が東地琢磨であった。山下奉文も太田清一も生粋の軍人であるにもかかわらず、処刑に際しては軍服の着用は認められず、囚人服のまま絞首刑に処されたという。軍人としてこれ以上の恥辱はないだろう。アメリカの恨みと執念がそこには感じられる。

裁判開始から処刑まで短時間で事が進められたのは、これが戦争裁判という性格を持つものである以上、致し方ないことである。繰り返すが、最初から目的は日本への報復なのだから。

そして、軍事裁判の処刑第一号に山下奉文が選ばれたことは理解できる。フィリピンで降伏文書にサインをしたのが彼であり、フィリピンにおける日本側の最高責任者に他ならないからだ。第二号として、フィリピンだけでなくアジア全土で残虐行為を働いた憲兵隊の責任者であるという意味で、太田清一が選ばれたことも筋は通る。

しかし、まったくもって不可解なのが、第三号の東地琢磨ではないだろうか。琢磨は、日本から送り込まれた将校でも戦闘員でもなく、現地で徴集を受けた軍属に過ぎず、しかも仕事の内容は通訳である。

軍隊という階級のピラミッド構造においては、琢磨のポジションはその末端もいいところだろう。ソラノの憲兵分遣隊では、分遣隊長が琢磨と同様に戦犯として起訴されたが、結局は無罪となっている。なぜ上官が無罪で、一介の通訳に過ぎない者が死刑なのか。

在留日本人に対しての「見せしめ」としか考えようがない。戦前フィリピンはアメリカの植民地であった。アメリカの庇護のもとで権利を保障されながら暮らしていた日本人がなぜ戦争が始まると日本軍の協力者になったのか。アメリカからしてみれば、飼い犬に手を嚙まれたような気持ちだったのかもしれない。

私は山下奉文と東地琢磨らが処刑されたというロスバニョスの刑場跡を実際に訪れたことがある。観光地になっているわけではないのでその場所は見つけにくかった。ある民家に隣接して広い果樹園があり、その一角に「ジェネラル・ヤマシタ」と書かれた門があった。

管理人は入り口の鍵を開けながら言った。

「昔はよく日本人の参拝者が来られたのですけど、最近はあまり見えられませんねえ」

墓石ぐらいの大きさの慰霊碑があり、表には「将軍山下奉文終焉之地」と揮毫されていた。慰霊碑の前には、おそらく最近誰か参拝に来た人の手によるのだろう、花束がひとつと栓が開けられたビールの小瓶が供えられていた。

かつてはこの場所に、絞首刑に使用した大きなマンゴーの木があったそうだ。台風によって倒壊したそうで、現在その木はない。

日本軍が南方を次々と占領していった時期に「マレーの虎」とも呼ばれ、国民的英雄として親しまれた司令官の最後の場所としては、あまりにも寂しすぎる気がした。

山下奉文が処刑される直前、教誨（戒）師として付き添った森田正覚という僧侶が四十分間にわたって山下から遺言とも取れる最後の言葉を引き出している。

その大筋は、戦時中の行いに対する自責の念と、自由と平和を追求する新しい日本の国づくりに対する理想であった。核兵器の使用についても触れられ、そういうものを使用しようと思わせないような国家を目指さなければいけないと語っている。

絞首台に昇る直前には、皇室のますますの繁栄を願う弥栄《いやさか》を唱え、犬死にさせてしまった部下への自責の念と、その部下に虐殺されたフィリピン人への謝罪の言葉を口にした。

三番目に処刑された琢磨の最後の言葉は非常に簡素なものだった。

「グッドバイ・フォーエヴァー（永遠にさようなら）」

カトリック信者であった琢磨の処刑にはアメリカ軍の牧師が付き添ったという。

敷地内には本間雅晴中将の慰霊碑もあった。本間雅晴は日本軍がフィリピンへ上陸した当時の第十四方面軍司令官である。終戦時には日本にいて戦犯として巣鴨刑務所へ収容された。マニラの軍事裁判へ出廷した後、「バターン死の行進」の責任を問われて有罪となった。

「バターン死の行進」とは、コレヒドール島における戦闘で捕虜になった米兵を輸送する際に、

ルソン島南部のロスバニョスにひっそりと佇む山下奉文・最高司令官の慰霊碑

車両が用意できずに炎天下を徒歩で連行し、そのため約二千三百名が死亡したといわれている事件だ。捕虜の扱いを取り決めた国際条約に違反していると見られたのである。

本間雅晴もまた、ここロスバニョスの刑場で四月に処刑された。だが、山下奉文とは異なり、軍人としての立場を尊重するという意味で軍服の着用が認められ、絞首刑ではなく銃殺刑であった。

話をトリニダッドにある東地琢磨の慰霊碑に戻さねばならない。私はランドさんと待ち合わせて、慰霊碑の場所まで一緒に歩いた。途中にはシスター海野が日系人の生活向上のために設置した農業協同組合の建物がある。

琢磨の慰霊碑は共同墓地の一角にひっそりとあった。他にも、虎歩兵第七十六連隊の戦没者慰霊碑や遺骨収集団による碑などもある。ランドさんが言うように、たしかに慰霊碑の文字が消えかかり、判読するのが難しくなっていた。私は持参したペンキを使って、琢磨の慰霊碑に刻まれた剝げかかった文字を一字ずつ修復した。

この慰霊碑は琢磨の兄弟である輝一さん、初子さん、トシ子さんによって建立されたものだという。ふたりの妹は結局、琢磨に一度も会うことはなかったが、進学するため日本へ戦前に帰国していた輝一さんとは、この碑が建立される直前に初めて会うことができたらしい。三世であるランドさんはそのときの模様をかすかに覚えているという。

日本とフィリピンというふたつのアイデンティティの狭間で、戦争という時代に翻弄された東地琢磨。彼のことは日本ではほとんど知られていないし、本書で描いた以上の真実が明らかになることもないだろう。

慰霊碑の刻字が風雨にさらされているうちにやがて消えていくように、日本人の心の内からは戦争の記憶そのものが今後は急速に薄れていくのだろう。

琢磨は処刑される三日前、捕虜収容所のトイレットペーパーに走り書きした遺書のようなメモを残していたという。

「大親分、親分、子分が一緒にいけて、あの世でも道案内していける」

この言葉に込められた琢磨の真意が果たしてどこにあったのか。それは永遠の謎であり続けるに違いない。

あとがき

私は二〇一五年に『フィリピン残留日本人』（冬青社）という写真集を上梓した。戦前に日本から移民してきた方たちの子孫である日系二世をフィリピン各地に訪ね歩き、その肖像写真をまとめた写真集である。

その本が思いがけず評判になり、いくつかの写真の賞をいただくことになった。そして受賞を記念するかたちで私の写真展が東京で開催されることになったのだが、その直前に見知らぬ女性からメールが届いた。

「すでに故人になっているロベルト・ナカヤは私の祖父にあたるのですが、ある日のこと夢枕に出てきたのです。それで気になったのでネットで調べてみたところ、船尾さんという人が近々写真展を開催し、その作品のなかに祖父の肖像写真が含まれていることを知ったのです」

私は彼女のメールの文章を読んで胸のあたりがぞわぞわした。私がロベルトさん、いやヒロシさんにお会いして話を聞かせていただいたのは二〇一二年のこと。数年前に奥様を亡くされたそうで大きな家に独り暮らしだった。そしてヒロシさんはつい最近、鬼籍に入られたという。

写真展当日、彼女はふたりの姉と一緒に会場に現れた。ヒロシさんは日系二世だから、彼女たち姉妹は四世ということになる。生まれ故郷であるフィリピンへ舞い戻ったヒロシさんを孫である彼女らは訪ねたことはないという。しかしヒロシさんは何かを告げるために、あの世から第二の故郷である日本で暮らす孫の夢枕に立った。

それは「俺のことを忘れるなよ」ということだったのかもしれない。あるいは、「戦争に翻弄された自分が生きたことの意味を知ってほしい」ということだったのかもしれない。

私が撮影したヒロシさんの肖像写真の前で、孫の三姉妹と私がヒロシさんの思い出話を語る。それはなんとも不思議な巡りあわせだったが、同時に必然だったようにも思えた。フィルムのネガに刻まれたヒロシさんの魂がきっと私たちを引き合わせてくれたのだろう。写真の中のヒロシさんはただ黙って私たちを見下ろしていた。

キアンガンの街で偶然ジョセフィンさんという女性に会ったことから私のフィリピン残留日本人を探す旅は始まったのだが、実際に取材が開始されてからは何か大きな意志のようなものに自分が動かされているのではないかと感じることがしばしばだった。

戦前に移民した日本人男性と結婚した妻。フィリピンへ派兵されていた元日本兵。各地に散って暮らしていた日系二世たち。洞窟から発掘された元日本兵の遺骨。私が訪ね歩いた先には必ず、「終わらない戦後」を紐解いていく何がしかの物語が待ち受けていた。

「俺のことを忘れてくれるなよ」と語りかけてきたヒロシさんの声に押されるかたちで、私は日系二世たちのファミリーヒストリーを集めて、フィリピン残留日本人の姿を文章で描いてみようと思った。

ところが執筆の途中で、「あの戦争とは何だったのか」という大きな命題そのものに真正面から取り組まなければならないことに気づいた。本書の冒頭でも触れたように太平洋戦争についてきちんと勉強したことなどない私にとってみれば、それは自分の能力を完全に超えており、文章を書き続けることが苦痛になってしまった。

一歩も前へ進めなくなり筆を置いているあいだに、日本では安倍政権による安保法制改定を合図とするかのように戦争参加への扉が開かれ、いつのまにか防衛費予算は倍増し、自衛隊が南西諸島に配備され、憲法改正への道筋が語られるようになった。それら一連の流れがこれからの日本にとってどのような意味を持つのか、凡庸な私には見通すことはできない。しかしひとつだけ確実に言えることは、私たちは過去の歴史から学ばなければならないということだ。

戦争によって人生を狂わされてしまったフィリピン残留日本人たちから聞き取った彼らのファミリーストーリーをこのまま埋もれさせてはいけない。取材した者として私には彼らの言葉を後世に伝える義務がある。日系二世たちが語ってくれた物語や、私がかつての戦地を歩いて得た知見から、あの戦争というものを見つめ直すことができるのではないだろうか。

しばらく放り出されていた原稿だったが、こうして私は再び筆を執ることになり、その結果生まれたのが本書ということになる。戦争をすべての角度から分析して語る資格は私にはないが、日本とアメリカ、フィリピンという国家の狭間で生きてきた残留日本人の目を通して、「あの戦争とは何だったのか」という問いに対する答えの一端でも伝えることができたなら著者としてはうれしい。

フィリピンでは六十人ほどの残留日本人の方々から貴重なお話を伺うことができた。突然の訪問にもかかわらず温かく迎えてくださった皆さんには感謝しかありません。私にとっては歴史の生の証言者というよりは、何も知らない私のよき教師であり、昔話を優しく語ってくれる父母のような存在でした。

実際の取材にあたっては、NPO法人フィリピン日系人リーガルサポートセンター（PNLSC）や現地の日系人会、日本人会のスタッフたち、また現地在住の日本人の方々の協力なしでは、各地に散らばって暮らしている日系二世らを訪ねることは不可能でした。快く情報を提供してくださり、ときには取材に同行してくださった皆さんがいなければ、本書が生まれることはありませんでした。

とりわけ映画監督の今泉光司さん、NGOコーディリエラ・グリーン・ネットワーク代表の反町眞理子さん、PNLSC代表理事の猪俣典弘さんにはこの場をお借りして厚く御礼申し上げます。

本書を担当された論創社の谷川茂さんはかつて東南アジアに長く暮らしていたという経歴があり、ポルポト時代のカンボジアに関する研究者でもあります。そのような視点から本書の内容についてアドヴァイスをいただけたことは幸運でした。

そして最後まで読んでくださった読者の方々、ありがとうございました。

二〇二三年四月

船尾　修

船尾 修（ふなお・おさむ）

写真家。1960年神戸市生まれ。筑波大学生物学類卒。出版社勤務の後、フリーに。アフリカ放浪後に写真表現の道へ。著書に『カミサマホトケサマ』（第9回さがみはら写真新人奨励賞）、『フィリピン残留日本人』（以上は冬青社、第25回林忠彦賞と第16回さがみはら写真賞、第1回江成常夫賞を受賞）、『満洲国の近代建築遺産』（集広社、第42回土門拳賞受賞）、『日本人が夢見た満洲という幻影』（新日本出版社）など多数。現在は大分県の中山間地にて無農薬で米作りをしながら家族4人で暮らし、写真作品の制作を続けている。

論創ノンフィクション 039

終わらない戦後 ——フィリピン残留日本人が見つめた太平洋戦争

2023年6月1日　初版第1刷発行

著　者　船尾 修
発行者　森下紀夫
発行所　論創社
　　　　東京都千代田区神田神保町 2-23　北井ビル
　　　　電話　03（3264）5254　振替口座　00160-1-155266

カバーデザイン　奥定泰之
組版・本文デザイン　アジュール
校　正　小山妙子
印刷・製本　精文堂印刷株式会社
編　集　谷川 茂

ISBN 978-4-8460-2197-9 C0036